garten
kurz & gut

Dr. Brunhilde Bross-Burkhardt

Gemüse-raritäten

im NATURNAHEN GARTEN

av BUCH

Inhalt

Vorwort

Ein naturnah gestalteter und gepflegter Garten oder Balkon bietet uns die Möglichkeit unsere Lebensmittel selbst anzubauen. Gemüse, Obst und Kräuter wachsen direkt vor unserer Haustüre und wandern als schmackhafte und gesunde Speisen vom Beet direkt auf unsere Teller. Frisches Gemüse aus dem eigenen Garten ist dabei mehr als „nur" gesund. Das herrliche Gefühl beim Pflanzen und die Vorfreude auf die reiche Ernte tragen neben der Bewegung an der frischen Luft zur eigenen Lebensqualität bei – etwas was wir nicht im Geschäft kaufen können.

Beim eigenen Anbau steht uns die große Palette der unterschiedlichen Gemüsearten und -sorten offen. Dieses Buch über ausgewählte Gemüseraritäten soll Ihnen dabei als Inspirations- und Informationsquelle dienen. Es gibt Einblick in die Geschichte der Kulturpflanzenentwicklung, informiert über die Kulturabläufe und die Saatgutpflege und stellt in den Gemüseporträts interessante und schmackhafte Gemüsearten und -sorten vor. Wir wünschen Ihnen viel Freude beim Anbau und Genuss dieser Köstlichkeiten.

Landeshauptmann Dr. Erwin Pröll

Landeshauptmann-Stv. Mag. Wolfgang Sobotka

Gemüseraritäten

Anbau und Ernte

Von seltenen Arten und Sorten

Was ist eigentlich eine Gemüserarität? Diese Frage ist gar nicht so einfach zu beantworten. Je nach persönlicher Sichtweise oder Region könnte man hier unterschiedliche Arten auflisten. Ganz allgemein gesagt sind es aber Arten, die kaum in den Gemüseregalen der Supermärkte zu finden sind und allenfalls auf Wochenmärkten oder in Hofläden angeboten werden. Es können ältere Arten und Sorten sein, die Gärtner und private Gartenbesitzer früherer Generationen kultivierten. Zu den Gemüseraritäten zählen außerdem regionale Besonderheiten wie Teltower Rübchen, Butterkohl oder Spitzkraut, die nur lokale Verbreitung hatten oder haben und die erst neuerdings Aufmerksamkeit und Verbreitung finden.

Aus Großmutters Garten?

Gemüseraritäten müssen aber nicht unbedingt alte oder einheimische Arten sein, obwohl das meistens angenommen wird. Viele Arten, die wir als Gemüse aus Großmutters Garten ansehen, gibt es in Mitteleuropa noch gar nicht lange. Man stelle sich vor, welche Gemüse die Menschen in zurückliegenden Zeitepochen aßen: Im Mittelalter, vor der Entdeckung Amerikas vor etwa 500 Jahren, gab es in den Gärten Mitteleuropas nur wenige Arten. Erbsen, Puff-Bohnen, Rettich, Zwiebeln und Knoblauch sowie die Obstgehölze Feige, Mispel und Weinrebe zählen dazu. Sie waren aus einheimischen Wildpflanzen sowie aus Arten aus dem Mittelmeerraum und aus angrenzenden Gebieten Asiens entstanden. Erst mit der Entdeckung des amerikanischen Kontinents kam eine Fülle von neuen Nutzpflanzen nach Europa. Garten-Bohnen und Feuer-Bohnen, Tomaten, Paprika und Kartoffeln zogen von nun an, zunächst noch zögerlich, in die Gärten ein. Neue Arten kamen nun auch von dem asiatischen Kontinent zu uns. Aus wilden Rhabarberarten wurde um 1770 in England der Kultur-Rhabarber gezüchtet. Knollen-Ziest kam 1882 aus Ostasien nach Europa.

Der Beginn der Züchtung

Bauern und Gärtner verbesserten in diesen langen Zeiträumen nach und nach die Gemüsearten. Sie schauten nach besonders großen oder wohlschmeckenden Exemplaren einer Art und nahmen von diesen die Samen zur weiteren Vermehrung ab. Bei dieser einfachen Form der Züchtung werden besonders schöne, große und wohlschmeckende Sämlinge „ausgelesen" und weitervermehrt. Aus der Wildform der Pastinake entwickelten sich so Sorten mit wohlgeformten und großen Wurzeln.

Seither hat sich in der Gemüsezüchtung und in der Verbreitung der Gemüsearten sehr viel getan. Viele Gemüse, die unsere Eltern- und Großelterngeneration noch selbstverständlich auf dem Speiseplan hatten, sind in den Hintergrund gerückt, dafür andere in der Rangskala aufgestiegen. Und diese Entwicklung setzt sich fort. Man denke nur an die Neueinführung von Zucchini oder Asia-Gemüse vor wenigen Jahrzehnten.

Im Gemüsegarten sollte eine bunte Vielfalt herrschen. (Foto: Joachim B. Albers/fotolia.com)

Gemüse im Wandel der Zeit

Viele ältere Gemüsearten und -sorten sind heute aber vom Speiseplan verschwunden, weil sie zu kräftig oder leicht bitter schmecken oder weil sie in der Küche einen hohen Putzaufwand erfordern, wie es beispielsweise bei Wurzelgemüse der Fall ist. Bei etlichen Arten ist der Zeitaufwand zum Ernten und Herrichten der Gemüse sehr hoch. Zeit, die man im modernen Leben kaum aufbringen kann oder aufzubringen bereit ist. Da nimmt man lieber die einfach zuzubereitenden Tomaten oder Paprika.

Echte Gemüsefans hält der zusätzliche Zeitaufwand fürs Ernten und Putzen aber nicht davon ab, das eine oder andere seltene Gemüse auszuprobieren und damit den Speiseplan zu bereichern. Die Spitzengastronomie hat Pastinaken und Teltower Rübchen schon längst entdeckt und lockt mit kreativen Zubereitungen die Feinschmecker ins Restaurant.

Den Gemüsegarten anlegen

Im Anbau unterscheiden sich Gemüseraritäten nicht von bekannten Arten und Sorten. Ein wenig gärtnerisches Grundwissen kann aber nicht schaden, um gute Ernten zu bekommen.

Ein normaler, gewachsener Gartenboden bietet allen Gemüsearten die besten Voraussetzungen. Einige Arten lassen sich auch in Kübeln und Kästen kultivieren, aber die Wachstumsbedingungen für die Pflanzen sind meistens nicht optimal. Tief wurzelnde und nährstoffbedürftige Gemüsearten gedeihen in Gefäßen mit begrenztem Wurzelraum und knapper und unsicherer Wasserversorgung nicht so gut oder gar nicht. Die Pflanzen schwächeln und werden dann leicht von Schädlingen und Krankheiten befallen.

Suchen Sie für den Gemüseanbau den Garteneil aus, der im Tagesverlauf das meiste Licht bekommt. Sobald nur ein wenig Schatten von

Gehölzen oder von Gebäuden auf die Beete fällt, wachsen die Pflanzen nicht mehr so gut oder kümmern sogar. Das gilt, mit wenigen Ausnahmen, für die Gemüseraritäten genauso wie für alles andere Gemüse.

Gesundes Wachstum schaffen

Im Idealfall ist der Boden krümelig, also locker und gut zu bearbeiten. In alten Gärten, in denen schon viele Jahre Gemüse angebaut wird, findet man solche Verhältnisse in der Regel vor. In neu angelegten Gärten muss man meist erst an der Bodenqualität arbeiten. Als Gartenbesitzer sollte man über den pH-Wert des Bodens Bescheid wissen. Am günstigsten ist es, wenn er in einem neutralen Bereich um den Wert 7 liegt. Eine Bodenuntersuchung gibt darüber und über Nährstoffgehalte sowie die Bodenart Aufschluss.

Abgehackter Spinat schützt den Boden vor dem Austrocknen.

Die Voraussetzungen in den einzelnen Gärten sind je nach Standort ganz unterschiedlich. Es gibt schwere Böden und leichte Böden, humushaltige und humusarme mit vielen Zwischenstufen und weiteren fein differenzierten Eigenschaften. Einige der in diesem Buch vorgestellten Gemüseraritäten stellen besondere Ansprüche an die Bodenart: Schwarzwurzeln oder Spargel beispielsweise gedeihen gut auf sandigem Boden; auf schweren Böden wird man mit diesen Kulturen jedoch keinen Erfolg haben. Solche Böden sind dafür ideal für den Kohlanbau. Langfristig lassen sich die Bodeneigenschaften durch Kompostgaben, durch Mulchen mit organischem Material, durch Gründüngung und durch Zufuhr mineralischer Bestandteile wie Tonmehl oder Sand ausgleichen und verbessern.

Kleines Mulch-Abc

Mulchen ist das A und O beim biologischen Gärtnern. Es ist besonders wirksam bei leichten Böden und wirkt ausgleichend auch auf schweren Böden. Mulchen bedeutet nichts anderes, als den Boden zu bedecken. Einerseits schützt die Mulchdecke vor dem Verschlämmen des Bodens bei starken Regengüssen, andererseits verdunstet das Wasser unter einer Mulchschicht nicht so schnell. Es hilft also indirekt Wasser zu sparen. Für Gemüse wie Kohlgewächse, die im Sommer besonders viel Wasser brauchen, ist das Mulchen ganz wichtig. In schneckenreichen Gärten muss man allerdings abwägen und beobachten, denn unter der Mulchdecke im feuchten Milieu halten sich die ungebetenen Gäste besonders gut.

Ideal zum Mulchen sind zarte Blätter von Spinat, Salat oder von Brennnesseln. Die Blätter verrotten schnell beziehungsweise werden von Regenwürmern und anderen Bodenorganismen in den Boden gezogen und gefressen. Grob zerkleinerte Blätter von Beinwell und Rhabarber, Erntereste, angewelkter Rasenschnitt ohne Samenansatz eignen sich auch gut.

Vom Hacken und Gießen

Ziel ist es, den Boden durch Gießen, Hacken und Mulchen ausgeglichen feucht zu halten. Einem alten Gärtnerspruch zufolge bewirkt einmal Hacken so viel wie dreimal Gießen. Das Hacken (mit Schlaghacke, Ziehhacke oder Pendelhacke) spart tatsächlich Wasser. Zum oberflächlichen Lockern des Bodens eignen sich auch Grubber, Sauzahn oder Kultivator. Nach einem Regen muss der Boden an der Oberfläche bearbeitet werden, dann werden die „Wasserleitungsbahnen" im Boden, die sogenannten Kapillaren, unterbrochen, das Wasser bleibt im Boden und verdunstet nicht so schnell. Nur die gelockerte oberste Schicht trocknet aus, die Schicht darunter bleibt feucht. Am besten hacken Sie auch vor dem Auflegen des Mulchmaterials. Beim Hacken wird zugleich Unkraut abgehackt und verschüttet.

Wie oft und wie viel man gießen muss, hängt von der Bodenart ab. Gießen Sie lieber alle zwei bis drei Tage durchdringend (etwa

Eine Hacke mit Zinken und Breitblatt ist für die Gartenarbeit unentbehrlich. (Foto: LianeM/fotolia.com)

Salat braucht kontinuierliche Wassergaben. (Foto: carré de potager/fotolia.com)

eine Gießkanne voll pro Quadratmeter) als jeden Tag nur oberflächlich. Gießen Sie nie in der Mittagshitze und gießen Sie direkt in den Wurzelbereich der Pflanzen.

Bei Topfpflanzen, die nur wenig Wurzelraum haben und bei denen das Pflanzsubstrat schnell austrocknet, ist regelmäßige Wasserversorgung besonders wichtig. An heißen Sommertagen kann es nötig sein, mehrmals zu gießen.

Nährstoffe für die Pflanzen

Damit Gemüse im Garten gesund und kräftig heranwächst, müssen genügend Nährstoffe vorhanden sein. Die wichtigsten Nährstoffquellen und Dünger im biologisch bewirtschafteten Garten sind selbst hergestellter Kompost, Pflanzenjauchen und organische Handelsdünger, beispielsweise Hornmehl. Langfristig lässt sich durch organische Dünger der Humusgehalt im Boden erhöhen. Zusätzlich nötige Mineralstoffe kann man durch im Biolandbau zugelassene Kaliumdünger wie Patentkali/Kalimagnesia oder durch Algenkalk zuführen.

Die Pflanzen brauchen ein ausreichendes Maß an Nährstoffen, um sich optimal entwickeln und ihre Inhaltsstoffe ausbilden zu können. Dabei das richtige Maß zu finden, ist nicht ganz einfach und verlangt Erfahrung und ständiges Beobachten der Pflanzenbestände. „Mastige" Pflanzen (erkennbar an intensiv grün gefärbtem Blattwerk) sind nicht gut, und das Gegenteil, kümmerwüchsige Pflanzen, ebenfalls nicht. Bei den Mickerlingen hellen die älteren Blätter wegen Stickstoffmangel auf und sterben ab. Solche Gewächse sind anfällig für Schädlinge und Krankheiten und sie sind als Nahrung dem Menschen nicht so zuträglich wie optimal versorgte Pflanzen. Im biologisch bewirtschafteten Garten stehen langsam fließende Nährstoffquellen aus der organischen Substanz beziehungsweise aus dem Humus im Vordergrund. Sie stellen über einen längeren Zeitraum den Pflanzen das Nötige zur Verfügung, wie eine Art Langzeitdünger. Dadurch kommt es auch nicht so schnell zu einem Überdüngen.

Alles dreht sich um den Kompost

Damit wären wir beim nächsten wichtigen Thema im Biogarten: beim Kompost. Er verlangt anfangs große Aufmerksamkeit. Wenn er aber einmal richtig in Gang ist, läuft das Kompostieren ohne irgendwelche Hilfsmittel und Zusätze von allein. Der beste Kompost entsteht aus einem Gemisch organischer Materialien aus Garten und Haus: Ernteabfälle, abgeschnittene Stängel und Blüten, Rasenschnitt ohne Samenstände, Laub, Putzabfälle vom Gemüseputzen, Blätter vom Teeaufguss, Kaffeesatz und vieles mehr. Am besten gelingt der Kompost mit gehäckseltem Material und wenn ausgeglichene Feuchtigkeit herrscht. Deshalb bei Trockenheit gießen und bei Regenwetter abdecken. Bei sorgfältigem Mischen kann der Kompost nach etwa einem halben bis dreiviertel Jahr fertig sein. Er ist dann feinkrümelig und duftet angenehm nach Walderde – ein idealer Dünger für stark nährstoffbedürftige Gemüsekulturen wie Kohl oder Rhabarber.

Phacelia eignet sich hervorragend für Nachsaaten nach früh räumenden Gemüsearten und -sorten.

Eine schützende grüne Decke

Eigentlich handelt es sich bei der Gründüngung gar nicht um eine richtige Düngung, sondern vielmehr um Bodenpflege. Freie Gartenflächen, die nach einer frühen Ernte nicht genutzt werden, sät man dabei mit Phacelia, Gelbsenf, Wicken & Co. ein. Unter der grünen Decke hält sich die Feuchtigkeit im Boden und die Struktur bleibt erhalten. Außerdem kommt mit der Gründüngung organische Substanz in den Boden, aus der die Bodenlebewesen nach und nach Humus aufbauen können. Die Gründüngungspflanzen schließen mit ihrem mehr oder weniger tief reichenden Wurzelwerk den Boden gut auf, lockern ihn dadurch und setzen Nährstoffe frei.

Gelbsenf oder Ölrettich – häufig gesäte Gründüngungspflanzen – kann man als Lückenfüller im Frühjahr oder Herbst aussäen oder ganz gezielt, wenn ein Stück Land in Kultur genommen werden soll oder wenn momentan kein Bedarf da ist. Auf jeden Fall tut eine Gründüngung dem Boden gut und beugt Fruchtfolgeschäden vor. Die meisten Gründüngungspflanzen, die im Herbst ausgesät werden, wie Phacelia und Gelbsenf, sterben im Winter ab. Das abgefrorene Pflanzenmaterial bleibt auf dem Boden liegen und verrottet nach und nach. Reste werden im Frühjahr vor der Bodenbearbeitung weggeharkt.

Der deutsche Name von Phacelia ist Bienenfreund. Die Blüten locken Bienen an.

Nützliche Knöllchenbakterien

Gründüngungsarten aus der Gruppe der Schmetterlingsblütler – Ackerbohnen, Lupinen, Wicken – düngen den Boden. Sie reichern mithilfe der Knöllchenbakterien im Boden Stickstoff aus der Luft in ihren Wurzeln an. Dieser wichtigste Nährstoff steht dann wiederum den nachfolgenden Kulturen oder den Nachbarkulturen zur Verfügung.

Fruchtfolge und Mischkultur

Die Fruchtfolge im Gartenbau und in der Landwirtschaft ist ein bewährtes System und notwendige Voraussetzung dafür, dass auf Dauer Pflanzenbau betrieben werden kann. Aus Erfahrung wissen Landwirte und Gärtner, dass man dieselbe Pflanzenart nicht öfter hintereinander anbauen darf, weil sie den Boden einseitig auslaugt, Nährstoffe entzieht und auf der anderen Seite schädliche Stoffe in den Boden ausscheidet.

Eine typische Fruchtfolgekrankheit ist die Rettichschwärze an Rettich und Radies, die auftritt, wenn die Gemüse zu oft hintereinander auf einem Beet angebaut werden. Ein Fruchtfolgeschaden ist auch das Gelbwerden der Petersilie.

Mischkulturen

Dass sich Pflanzen gegenseitig in ihrer Entwicklung fördern oder hemmen können, ist schon lange bekannt. Bestimmte Ausscheidungen in die Luft und in den Boden vermögen es beispielsweise, Schädlinge zu vertreiben. So werden Zwiebeln und stark duftende Kräuter zu Möhren gepflanzt, weil sie die Möhrenfliege abhalten.

Außerdem teilen sich gute Mischkulturpartner den Raum oberirdisch und unterirdisch. Bei der Reihenmischkultur wechseln sich hoch und niedrig wachsende, schmal und in die Breite wachsende Gemüse ab. In intensiv betriebenen Mischkulturgärten kommen außerdem Vor- und Nachkulturen hinzu, sodass das ganze Jahr über etwas auf dem Beet steht.

Gesunde Pflanzen

Optimal ernährte Pflanzen trotzen am besten den Angriffen der Blattläuse und anderer Pflanzensauger und dem Befall mit Pilzen. Kommt es trotz besten biologischen Wirtschaftens dennoch zum Befall mit Schädlingen oder Pilzen, hilft zunächst einmal abwarten, bis Nützlinge aktiv werden und sich das Ganze von selbst reguliert. Vieles pendelt sich tatsächlich von allein ein. Ein gutes Beispiel sind die Blattläuse. Sie saugen oft in Massen an zarten Pflanzentrieben. Sobald ihre natürlichen Gegenspieler, die Marienkäfer samt ihren Larven und die Florfliegenlarven, auf den Plan treten, hört die Plage oft von allein wieder auf. Allerdings kann diese Selbstregulation auf Kosten des Ertrags gehen. Deshalb sollte man den Befall stets im Auge behalten und zur Not eingreifen.

Experimentierfreudige Gärtner spritzen mit Brennnesselauszug gegen Blattläuse oder versuchen, mit Zwiebelschalentee die Möhrenfliege zu vertreiben. Durchschlagenden Erfolg wird man mit diesen Mitteln aber nicht

Bei der Reihenmischkultur stehen Gemüse und Kräuter dicht beieinander.

haben. Umweltverträgliche Fertigpräparate aus dem Handel, beispielsweise Kaliseife gegen saugende Schädlinge, wie Blattläuse, sind Erfolg versprechender. Sehr hilfreich ist bereits eine vorbeugende Maßnahme: Decken Sie gefährdetes Gemüse, zum Beispiel Kraut, nach dem Pflanzen mit Kulturschutznetzen ab. Sie verhindern den Befall durch Schadinsekten und -schmetterlingen schon im Vorfeld.

Die richtigen Arten und Sorten für den Standort

Schon bei der Auswahl von Arten und Sorten für den Garten können viele Probleme mit Schädlingen und Krankheiten umgangen werden. Wählen Sie nur Gemüsearten, die bei den Bodenverhältnissen am Ort und den vorherrschenden Klimabedingungen gut gedeihen. Es ist ein Unterschied, ob man im Tiefland, im warmen Weinbauklima, in Mittelgebirgslagen oder im Gebirge gärtnert. In Hochlagen und in kühlen Klimaregionen wird man mit wärmebedürftigen Kulturen wie Artischocken keine Freude haben. Pastinaken und Schwarzwurzeln gedeihen gut auf einem sandigen, durchlässigen und tiefgründigen Boden. Für Kraut beziehungsweise Kohl sind Gegenden mit viel Niederschlag und sehr guten, humusreichen Böden ideal.

Außerdem werden von einer Art fast immer mehrere Sorten angeboten, deren Kulturdauer von der Aussaat bis zur Ernte unterschiedlich lang ist. Wer in Gegenden mit kurzer Vegetationszeit (in Gebirgslagen) gärtnert, sollte immer „frühe" Sorten wählen, die eine relativ kurze Entwicklungszeit bis zur Ernte brauchen. „Späte" Sorten haben eine lange Entwicklungszeit und entwickeln sich nur in warmen Lagen gut.

Die Sorte 'Hilds roter Neckarruhm' bringt Farbe ins Gemüsebeet. (Foto: Floramedia.de)

Art oder Sorte?

Eine Art ist eine botanisch klar abgegrenzte Pflanzenart, zum Beispiel „Rettich" (botanisch: *Raphanus sativus* var. *niger*) oder „Feldsalat" (botanisch: *Valerianella locusta*). Sorten dieser Gemüsearten sind beispielsweise die Rettichsorten 'Hilds roter Neckarruhm' oder 'Runder schwarzer Winter'.

Endiviensalat wird zunächst auf das Saatbeet ausgesät und Ende Juli bis Anfang August ausgepflanzt.

Pflanzenanzucht und Vermehrung

Vor Generationen versorgten sich Gärtnerinnen und Gärtner weitgehend selbst mit Saatgut. Sie nahmen von Gemüse, Kräutern und Blumen Samen ab und bewahrten diesen bis zur Aussaat im Folgejahr oder länger auf.

Mit dem Aufkommen vieler neu gezüchteter Sorten wurde es immer beliebter, Saatgut zu kaufen, doch heute ist die Vermehrung von eigenem Saatgut wieder sehr in Mode gekommen. Es lohnt sich, Gemüse und Kräuter selbst aus eigenem Saatgut heranzuziehen. Bei den großsamigen Arten wie Erbsen, Bohnen und Kürbissen ist es besonders einfach. Und es macht Spaß, die selbst gezogenen Pflänzchen wachsen und gedeihen zu sehen.

Säen oder pflanzen?

Wer mit dem Gemüseanbau anfängt, ist sich oft nicht sicher, ob die jeweilige Gemüseart direkt ins Beet gesät wird oder ob man Jungpflanzen vorziehen und dann erst auspflanzen sollte. Diese Frage lässt sich nicht generell beantworten; bei jeder Art verhält es sich etwas anders. Wurzelgemüse wie Gelbe Rübe, Pastinake, Rettich und Rote Bete sät man immer direkt in Reihen auf Beete im Freiland oder im Kleingewächshaus, weil man sie nicht verpflanzen kann. Zu dicht stehende Pflänzchen werden nach dem Keimen (Auflaufen) herausgezupft. Direkt auf Beete gesät werden auch Spinat, Feldsalat und Schnittsalate, Zichoriensalate, Buschbohnen, Stangen- und Feuer-Bohnen sowie Erbsen. Beim Säen aus der Hand oder aus der Samentüte braucht man Fingerspitzengefühl, damit nicht zu viel und nicht zu wenig Samenkörner in die Saatrille gelangen. Es gibt aber auch sehr gute Aussaathilfen, zum Beispiel Saaträder oder Saatgefäße, die die kleinen Saatkörner nach und nach freigeben.

Bei einigen Gemüsearten und bei einigen Anbausituationen ist es besser, vorgezogenes Gemüse zu pflanzen. Wer beispielsweise schon früh im Jahr Knollen-Fenchel oder Römischen Salat ernten möchte, muss die Gemüse auf dem Fensterbrett im Haus oder unter Glas (Frühbeet oder Kleingewächshaus) aussäen und zu kräftigen Jungpflanzen heranziehen. Vorkultur kann auch nötig sein bei Stangen- und Feuer-Bohnen, wenn man den Gemüsen einen Wachstumsvorsprung verschaffen möchte. Bei den wärmebedürftigen Fruchtgemüsearten Tomate, Paprika, Zucchini ist das Vorziehen sogar unabdingbar, wenn man keine Jungpflanzen kaufen möchte.

Die Anzucht der Jungpflanzen kann man auch den Gärtnern überlassen und kauft dann kleine Pflänzchen direkt zum Auspflanzen hinzu. Das ist vor allem besser, wenn man nur wenige Pflanzen einer Art braucht, beispielsweise von Rosenkohl und anderem Kohlgemüse.

Ein Sonderfall sind Steckzwiebeln. Die Handhabung ist einfach und benötigt nur ein paar Minuten, zudem sind die Zwiebeln recht unempfindlich. Steckzwiebeln oder Schalotten steckt man im Frühjahr in den Boden, Wintersteckzwiebeln im Spätsommer, und Knoblauch wird im Herbst oder Frühjahr gesteckt.

Gemüsearten, von denen man größere Mengen braucht und verbraucht, ziehen Sie am besten selbst aus Samen heran. Das ist auch aus Kostengründen sinnvoll. Auch wer seltene Arten und Sorten ausprobieren möchte, muss selbst säen, weil es Jungpflanzen von besonderen Raritäten, wenn überhaupt, nur in wenigen Gärtnereien zu kaufen gibt.

Pflanzen vegetativ vermehren

In der Regel wird Gemüse jedes Jahr aufs Neue ausgesät oder gepflanzt und geerntet. Und obwohl es auch einige Gemüsestauden gibt, sind sie doch in unseren Gärten nur wenig verbreitet. Für Gemüsestauden sind andere Vermehrungsmethoden praktischer und bringen schnellen Erfolg. Besonders einfach ist das Teilen mit dem Spaten. Das ist die beste Methode zum Vermehren von Meerrettich, Rhabarber oder Winterheckezwiebel.

Seltene Sorten erhalten – Saatgutinitiativen

Alte, samenechte Sorten sind in den letzten Jahrzehnten immer mehr von den Sortenlisten verdrängt worden und neuen, ertragreichen Sorten gewichen. Im üblichen Handel über die Versender und im Gartencenter gibt es deshalb kaum noch alte Sorten zu kaufen. Vor einigen Jahren drohte aus diesem Grund dem Filder-Spitzkraut das Aus. Aber gerade Lokalsorten sind für Menschen, die Gemüsearten und -sorten wegen ihres Geschmacks und anderer innerer und äußerer Qualitäten schätzen, interessant. Und darüber hinaus sind sie mit ihrem genetischen Potenzial sehr wichtig für die Züchtung!

Verschiedene Initiativen (siehe Seite 93) bemühen sich deshalb, den gefährdeten Schatz an alten Kulturpflanzen zu bewahren. In Österreich ist vor allem die ARCHE NOAH zu nennen, in Deutschland gibt es zum Beispiel den VEN (Verein zur Erhaltung der Nutzpflanzenvielfalt) und Freie Saaten. Saatgut seltener und alter Sorten können über solche Saatgutinitiativen bezogen werden.

Saatgut aufbewahren

Zum Aufbewahren der selbst geernteten, wirklich trockenen Samen eignen sich Filmdöschen, kleine Schraubdeckelgläser oder selbst gefaltete Tütchen aus Papier oder Alufolie. Welches Material oder Behältnis man zum Aufbewahren nimmt, ist nicht so wichtig – Hauptsache, die Samen lagern kühl, trocken und dunkel. Vollkommen trockene Samen kann man auch einfrieren.

Mein Tipp: Beschriften Sie die Lagerbehälter und vermerken Sie den Sortennamen und das Sammeljahr.

Die verschiedenen Gemüsearten behalten ihre Keimkraft unterschiedlich lange. Saatgut lässt sich bei guten Lagerbedingungen einige Jahre lang aufbewahren. Innerhalb der angegebenen Zeit sollte man es für guten Anbauerfolg verbraucht haben. Pastinaken und Schwarzwurzeln verlieren ihre Keimfähigkeit dagegen rasch.

So lange kann Samen aufbewahrt werden*:

Bohne, Erbse	30 Jahre
Gurke	6–9 Jahre
Kohlgewächse	6–9 Jahre
Kopfsalat	3–4 Jahre
Möhre	3–4 Jahre
Paprika	3–4 Jahre
Pastinake	1–2 Jahre
Radies, Rettich	4–5 Jahre
Rote Bete	4–6 Jahre
Schwarzwurzel	1 Jahr
Sellerie	3–6 Jahre
Spinat	3–5 Jahre
Tomate	4–6 Jahre und länger
Zwiebel	2–3 Jahre

*Die Keimfähigkeit bleibt bei trockener, kühler Lagerung wie folgt erhalten.

Bohnensamen müssen trocken sein, damit sie nicht schimmeln. (Foto: A_Lein/fotolia.com)

Gemüse – gesund und lecker

Unsere Ernährung wäre ohne Gemüse kaum denkbar. Dass jeder Mensch viel Obst und Gemüse essen sollte, ist geradezu zur Binsenweisheit geworden. Gemüse ist reich an Mineralstoffen und Vitaminen, die den Körper mit lebensnotwendigen Stoffen versorgen. Leguminosen liefern Eiweiß und sind unentbehrlich für eine fleischlose oder fleischarme Ernährung. Zudem zeichnet sich Gemüse durch einen hohen Ballaststoffgehalt aus, der die Verdauung anregt.

Ein ganzer Cocktail aus Pflanzeninhaltsstoffen macht Gemüse zur Gesundheitskost:

- Ätherische Öle geben vielen Nutz- und Heilpflanzen ihr besonderes Aroma.
- Glucosinolate (Senfölglycoside) verleihen Kreuzblütlern wie Rettich und Meerrettich den typisch scharfen Geschmack.
- Bitterstoffe in Zichoriensalat sowie in Artischocke und Cardy regen die inneren Organe an.
- Antibiotische Wirkstoffe machen zum Beispiel Meerrettich zur Medizin.

Bei den einzelnen Gemüsearten finden Sie weitere Hinweise zu Wirkstoffgehalten und gesundheitlichem Wert.

Sehr frühe Aussaaten gelingen am besten im Gewächshaus. (Foto: Floramedia.de)

Kultur- und Ernteablauf übers Jahr

▶ Frühjahr

Das Gemüsejahr beginnt ab März/April in Freiland und Frühbeet mit Aussaaten von Spinat, Rucola, Rettich, Radies und Salat. Erfahrungsgemäß sollten Sie sich nicht von den ersten Sonnenstrahlen dazu verleiten lassen, die Beete im Garten zu bestellen. Warten Sie lieber noch etwas ab. Nach der ersten frühlingshaften Phase kommt bestimmt noch ein Kälteeinbruch, der den frisch gesäten oder gepflanzten Kulturen schadet. Vor allem Rote Bete und andere Wurzelgemüse, Zwiebeln und Knoblauch sollten in den Boden kommen, wenn er sich etwas erwärmt hat. Durch Bedecken mit Vlies oder Folie lässt sich der Kulturbeginn allerdings etwas nach vorn ziehen.

Ab April/Mai können Sie die ersten im Frühjahr gesäten Gemüse schon ernten – allen voran die Kreuzblütler Mairübchen, Rettich, Rucola und Wilde Rauke. Die Gänsefußgewächse Erdbeerspinat, Guter Heinrich und Melde liefern ebenfalls reiche Ernte.

Ein wichtiger Wendepunkt im Gartenjahr sind die Eisheiligen vom 12. bis 15. Mai. Erfahrungsgemäß wird es um diesen Termin herum noch einmal kalt oder gar frostig. Die kälteempfindlichen Garten-Bohnen darf man deshalb erst danach ins Freiland säen.

▶ Sommer

Dann folgt eine reiche Zeit mit der Ernte der Sommersalate: Römischer Salat, Portulak und Neuseeländer Spinat. Ab Juli stehen Steckzwiebeln und Schalotten zur Ernte bereit.

Während dieser Erntephase müssen wir schon wieder an die Versorgung mit Blattsalat für Herbst und Winter denken: Ab Ende Juni bis Mitte Juli wird Endiviensalat, Radicchio und Zuckerhut auf Saatbeete gesät und im August verpflanzt. Für Winterrettiche und Herbstrüben ist jetzt ebenfalls Aussaatzeit.

▶ Herbst

Im spätsommerlichen August oder Anfang September ist es Zeit zum Säen von Feldsalat und Winterpostelein – zur Versorgung mit frischem Blattgemüse im Winter.

Der Spätherbst bringt dann noch einmal reiche Ernte: Die Wurzelgemüse Pastinake und Wurzelpetersilie legen im Herbst kräftig zu, ebenfalls die Kohlgemüse, denen Regengüsse im Herbst guttun. Zur Erntedankzeit können wir deshalb so richtig aus dem Vollen schöpfen. Viel Grünes für die Salatschüssel liefern die ertragreichen Blattgemüse Endiviensalat und Zuckerhut.

▶ Winter

Einige Gemüse vertragen durchaus winterliche Temperaturen und können draußen bleiben. Am besten deckt man sie mit einem lichtdurchlässigen Vlies ab, zum einen, weil es etwas Schutz vor der Kälte gibt, zum anderen, weil so auch bei Schnee einfach geerntet werden kann. Sie müssen nur das Vlies anheben!

Die Überwinterungsgemüse Grünkohl, Lauch, Meerrettich, Pastinake, Schwarzwurzel und Topinambur versorgen uns im Winter mit nahrhaften Blättern und Wurzeln.

Im Spätwinter und dem folgenden Frühjahr liefern überwinternde Gemüseraritäten reiche Ernte: Brunnenkresse, Feldsalat und Löffelkraut, Hirschhornwegerich und Winterheckezwiebel.

So ist in einem vielfältig bestellten Garten das ganze Jahr über immer etwas zum Ernten da. Man muss nur wissen, mit welchen Gemüsearten und -sorten das gelingt. Mehr dazu lesen Sie in den jeweiligen Kapiteln des Buches.

Blattgemüse

Bei richtiger Planung gelingt es in jedem Garten, das ganze Jahr über frisches Grün für Salate zur Verfügung zu haben. Es kommt nur darauf an, die richtigen Arten und Sorten auszuwählen und zu den richtigen Zeiten zu säen und zu pflanzen. Einige Arten wachsen auch ausdauernd oder finden sich wild wachsend als Beikräuter neben den Kulturgewächsen. Die hier vorgestellten Arten gehören verschiedenen Pflanzenfamilien an. Es handelt sich hauptsächlich um Gänsefußgewächse, Korbblütler und Kreuzblütler. Sie sind in diesem Kapitel nach dem Alphabet geordnet.

Spinat und spinatartige Gemüse

„Spinat" kann vielerlei Gemüse sein. Neben dem „richtigen" Spinat *Spinacia oleracea* gibt es etliche Gemüsearten, die ähnlich aussehen und ähnlich verwendet werden. Vor allem sind es wilde Gänsefußgewächse wie Melde oder Guter Heinrich. Auch Kulturgemüse wie Baumspinat, Mangold und Erdbeerspinat fallen unter die Kategorie „Spinat". Der sogenannte Kubaspinat (*Montia perfoliata*), der auch als Winterpostelein bekannt ist, wird frisch als Salatdreingabe gegessen.
Andere Arten sind als Zierpflanzen im Handel – zum Beispiel der Malabarspinat (*Basella rubra*) oder der Gartenfuchsschwanz (*Amaranthus caudatus*) aus dem Blumenbeet.

Gemüseamarant lässt sich als Blattgemüse wie Spinat zubereiten.

Amarant, Fuchsschwanz, Meier

Amarant oder Fuchsschwanz ist eine vielfältige Pflanzengattung. Die etwa 70 bekannten Arten stammen aus unterschiedlichen Weltregionen, aus Süd- und Nordamerika und Asien. Nur wenige Arten sind in Europa heimisch; viele ursprünglich aus den Tropen stammende Arten sind in Mitteleuropa verwildert und wachsen an warmen Plätzen auf nährstoffreichem Boden, etwa am Rand von Maisäckern oder in Weinbergen.

Die jungen Blätter des Aufsteigenden Fuchsschwanzes (*Amaranthus blitum*) und des aus Südamerika stammenden Garten-Fuchsschwanzes (*Amaranthus caudatus*) und andere Arten wie der aus dem tropischen Asien stammende *Amaranthus tricolor* lassen sich wie Spinat zubereiten. Vom Garten-Fuchsschwanz und vom Rispigen Fuchsschwanz (*Amaranthus cruentus*) erntet man auch und vor allem die hirseartigen Körner. Diese werden auch als „Körneramarant" oder „Inkaweizen" bezeichnet. Die nahrhaften Körner enthalten hochwertiges Protein und besonders viel von der essenziellen Aminosäure Lysin. Sie schmecken gut im Müsli, man kann die Körner aber auch zum Brotbacken verwenden.

Der Aufsteigende Fuchsschwanz ist eine sehr alte Kulturpflanze, die in Mitteleuropa bereits seit der Römerzeit angebaut wird. Der Garten-Fuchsschwanz kam dagegen erst im 16. Jahrhundert nach Europa. Der gefälliger schmeckende Spinat hat beide Arten ab dem 19. Jahrhundert vom Speiseplan verdrängt. Fuchsschwänze sieht man heutzutage hauptsächlich als auffällige Zierpflanzen in ländlichen Blumengärten oder auf den Rabatten von Barockgärten. Häufig gepflanzte Arten sind der etwa 80 cm hohe Garten-Fuchsschwanz mit hängenden Blütenähren und der Rispige Fuchsschwanz mit stehenden Blütenähren, jeweils grün- oder rotblättrig und mit roten oder grünen Ähren. Die hängenden Sorten tragen treffende Sortennamen wie 'Rotschwanz' und 'Grünschwanz'. Andere Sorten heißen 'Red Octopus' oder 'Green Cascade'.

Amarant ist anspruchslos in der Kultur. Säen Sie ihn nach den Eisheiligen Mitte Mai in Reihen im Abstand von 40–50 cm auf ein sonniges Gartenbeet aus. In der Reihe sollten die Pflanzen einen Abstand von etwa 30 cm haben. Kalkulieren Sie ausreichend Platz für die großen Pflanzengestalten mit ein. Für den Hausgebrauch benötigen Sie nur wenige Pflanzen. Diese brauchen nicht unbedingt einen Extraplatz auf dem Gemüsebeet, sondern können neben Sommerblumen und Kräutern im Blumenbeet heranwachsen. Die Direktsaat gelingt problemlos. Der Fuchsschwanz sät sich ohnehin oft selbst aus.

Steckbrief Amarant

- Pflanzenfamilie:
  Fuchsschwanzgewächse, einjährig
- Herkunft:
  Europa, Süd- und Nordamerika, Asien
- Aussaat:
  Direktsaat ins Freie ab Mitte Mai
- Kulturansprüche:
  Sonne, feuchter, nahrhafter Boden
- Ernte:
  Blätter fortlaufend im Sommer und Herbst
- Verwendung:
  Blätter, frisch; Körner
- Empfehlenswerte Sorten:
  Grün- und rotblättrige Sorten
- Für Kübel und Kästen:
  Bedingt geeignet, da starkwüchsig

Barbarakraut, Winterkresse

Schade, dass dieses Blattgemüse mit dem schönen Namen so wenig verwendet wird. Dabei bietet es sich mit seinem pikant scharfen

Das wild wachsende Barbarakraut lässt sich auch im Garten kultivieren.

Der wüchsige Baumspinat liefert viel Blattwerk für die „grüne" Küche.

Geschmack für den Salatteller geradezu an. Salatfans sollten es als kostenlose Vitaminquelle im Winter viel mehr nutzen.

Das Barbarakraut (*Barbarea vulgaris*) wächst wild auf Wiesen und Kahlstellen im Überschwemmungsbereich von Flüssen. Es kommt auch an Straßenrändern oder auf Ödland vereinzelt vor und deutet darauf hin, dass es an den Wuchsorten zeitweise feucht ist.

Saatgut von Barbarakraut ist im Handel erhältlich. Barbarakraut wird wie Feldsalat als Überwinterungsgemüse kultiviert und ist genauso problemlos in der Kultur. Säen Sie das Blattgemüse in Reihen an den Rand von Gemüse- oder Kräuterbeeten, vorzugsweise an Stellen, an denen es etwas feucht ist. Die zweijährige Pflanze bildet im Aussaatjahr vor dem oder während des Winters Blattrosetten mit großen, etwas leierförmigen, dickfleischigen dunkelgrünen Blättern aus. Diese kann man nach und nach einzeln ernten oder, wenn man viel Blattwerk benötigt, die ganze Rosette abschneiden. Ab April schiebt die zweijährige Pflanze aufrechte Blütenstängel mit gelben Kreuzblüten. Zur Blütezeit werden die Blätter hart und schmecken nicht mehr.

Steckbrief Barbarakraut

- Pflanzenfamilie:
  Kreuzblütler, zweijährig
- Herkunft:
  Europa
- Aussaat:
  August–September
- Kulturansprüche:
  Feuchter, nährstoffreicher Boden
- Ernte:
  Winter, zeitiges Frühjahr
- Verwendung:
  Blätter oder Blattrosetten frisch für Salat
- Sorten:
  Keine
- Für Kübel und Kästen:
  Geeignet; immer feucht halten

Baumspinat und Reismelde

Der bis 3 m und höher wachsende Baumspinat (*Chenopodium giganteum*) stammt aus Nordindien. Dem hohen Wuchs entsprechend sind die dreieckigen bis rhombisch eiförmigen Blätter ebenfalls sehr groß. Meistens bieten die Samenhändler die Sorte 'Magentaspreen' mit grünen, am Blattgrund himbeerfarbenen Blättern an.

Die verwandte Reismelde (*Chenopodium quinoa*) stammt dagegen aus der Andenregion in Südamerika. Von dieser Art, die als Quinoa bekannt ist, werden Blätter und Samenkörner genutzt. Quinoa wird etwa 2 m hoch und ist recht anspruchslos. Die Pflanze gedeiht sogar noch in Gebirgslagen. Die eiweißhaltigen Samen reifen ab September und fallen beim Reiben der Samenstände aus.

Steckbrief Baumspinat

- Pflanzenfamilie:
  Gänsefußgewächs, einjährig
- Herkunft:
  Nepal, Nordindien
- Aussaat/Pflanzung:
  März–April/Mai

- Kulturansprüche:
  Nährstoffreicher Boden
- Ernte:
  Ab Juni
- Verwendung:
  Junge Blätter oder Blatttriebe wie Spinat
- Empfehlenswerte Sorten:
  'Magentaspreen'
- Für Kübel und Kästen:
  Bedingt geeignet

Die Echte Brunnenkresse gedeiht in langsam fließenden Gewässern. (Foto: Floramedia.de)

Brunnenkresse

Die Echte Brunnenkresse (*Nasturtium officinale*) ist ein wertvolles Wintergemüse mit scharfem, leicht bitterem Geschmack. Das ausdauernde Kraut wächst in fließendem, kalkhaltigem Wasser in Quellbächen und Gräben und schaut mit dem Blattwerk aus der Wasseroberfläche heraus. Bei winterlichen Spaziergängen erkennt man die Pflanzen in verschneiter Umgebung von Weitem an ihrer frischen grünen Farbe. Zuweilen wächst die Wasserpflanze untergetaucht bis flutend bis in 1 m Wassertiefe. Das Wasser kann nährstoffreich und schlammig sein. Solche Quellstandorte sind in übernutzten Kulturlandschaften aber sehr selten geworden; sie wurden zugeschüttet oder eingeebnet.

In normalen Gärten kann man die speziellen Ansprüche der Echten Brunnenkresse selten erfüllen. Das ausdauernde Kraut braucht langsam fließendes, kalkhaltiges (Quell-)Wasser, das auch nährstoffreich sein kann. Ein Gartenteich ist kein idealer Standort. Hier steht das Wasser, und der Nährstoff- und Kalkgehalt ist zu niedrig. Auf normalen Gartenbeeten gedeiht die Echte Brunnenkresse auf Dauer ebenfalls nicht. Gärtnereien bieten die Brunnenkresse zwar auch als Topfpflanze an, die eher zum sofortigen Verbrauch in der Küche geeignet ist und zum Auspflanzen im Garten meist nicht taugt.

Wer gern Brunnenkresse isst und die Pflanze am Haus haben möchte, kann sich behelfen und beblätterte Triebe in einen mit Wasser gefüllten Eimer oder eine Wanne legen. Die Pflanzen schwimmen im Wasser und bilden lange, im Wasser flutende Wurzeln aus. Laufend erscheinen neue Blatttriebe. So lässt sich die Brunnenkresse im Frühjahr wochen-, ja sogar monatelang halten. Man muss nur gelegentlich frisches Wasser geben. Und die fortlaufende Ernte der zarten Blättchen für Salat oder Suppe ist garantiert.

Erntezeit der Echten Brunnenkresse in der freien Natur ist in den Monaten mit „r", also von September bis April. Im späten Frühjahr, ab Mai, blüht die Brunnenkresse; dann zeigt sich an den weißen Blüten, dass das Gewächs zu den Kreuzblütlern gehört. In dieser Phase werden die Blätter hart und schmecken nicht mehr.

Die ganz ähnliche und ebenfalls essbare Bittere Schaumkresse (*Cardamine amara*) wird häufig mit der Echten Brunnenkresse verwechselt. Wer es genau wissen möchte, schneidet die Stängel auf: Der Stängel der Brunnenkresse ist innen hohl, der des Bitteren Schaumkrauts innen ausgefüllt. Die Bittere Schaumkresse ist nicht ganz so anspruchsvoll wie die Echte Brunnenkresse; sie gedeiht an sumpfigen Stellen und lässt sich auch am Gartenteich ansiedeln.

Steckbrief Echte Brunnenkresse

- Pflanzenfamilie:
  Kreuzblütler, ausdauernd
- Herkunft:
  Mitteleuropa
- Aussaat/Pflanzung:
  Teilung und Einlegen in frisches Wasser
- Kulturansprüche:
  Fließendes Wasser oder Behälter mit Wasser
- Ernte:
  Brunnenkresse ist ein typisches Wintergemüse, dessen Blätter im Winter grün sind
- Verwendung:
  Frisch für Salate, zum Garnieren, für Suppen
- Empfehlenswerte Sorten:
  Keine Sorten bekannt
- Für Kübel und Kästen:
  Kann zeitweise in Behältern mit Wasser kultiviert werden

Wintersorten des Endiviensalats wie ‚Escariol, grüner' vertragen leichten Frost.

Endiviensalat

Der Endiviensalat (*Cichorium endivia*) ist ein Zichoriengewächs und stammt aus dem Mittelmeerraum und dem Nahen Osten. Er ist verwandt mit der einheimischen Wegewarte (*Cichorium intybus*) und wird seit dem 17. Jahrhundert im deutschsprachigen Raum kultiviert.

Endiviensalat zeichnet sich durch seinen leicht bitteren Geschmack aus, der auf dem Gehalt an Lactucopikrin (Intybin) beruht. Die Konzentration dieses Inhaltsstoffs bestimmt dann auch, wie bitter eine Sorte schmeckt. Unterschiede gibt es auch in der Wuchsform und in der Kälteverträglichkeit. Die Gemüsezüchter unterscheiden zwischen Frisée-Endivie (*Cichorium endivia* var. *crispum*) mit stark geschlitzten Blättern wie 'Wallonne' oder 'Très fine maraîchère' und glattblättrigen Sorten (*Cichorium endivia* var. *latifolium*) wie 'Bubikopf'. Bei den Endiviensalaten sind die Blätter weit rosettenartig ausgebreitet; mit dem weiteren Wachstum füllt sich die Mitte der Rosette, bis schließlich ein dicker Kopf entsteht. Früher war es üblich, die Köpfe zusammenzubinden. Die inneren Blätter bleichen dadurch aus und werden viel zarter und wohlschmeckender als die dunkelgrünen äußeren Blätter. Neuere Züchtungen bringen die Eigenschaft der „Selbstbleichung" mit.

Der Endiviensalat ist ein typisches Herbst- und Frühwintergemüse für die Nachnutzung von früh räumenden Gemüsearten wie Salaten, Kohlrabi, Radies oder Erbsen. Häufig wird die robuste Standardsorte 'Escariol, grüner' kultiviert. Er wird ab Mitte Juni bis Juli breitwürfig auf Beete ausgesät. Damit die Samen gut keimen, schattiert man das Beet mit alten Säcken oder anderen Materialien bis zur Keimung und hält es feucht. Im August werden die jungen Pflänzchen im Abstand von 30–40 cm flach gepflanzt. Endiviensalat verträgt leichten Frost bis etwa –2 °C.

Eine seltene französische Sorte des Endiviensalats Très fine maraîchère für experementierfreudige Gärtner.

Die Erntezeit reicht bis in den Winter hinein, und wenn Sie die Pflanzen mit Tüchern oder Vlies abdecken, lässt sie sich in nicht allzu frostigen Wintern bis in den Januar hinein verlängern. Die Abdeckung sollte bei milden Temperaturen aber entfernt werden, damit die Köpfe wieder abtrocknen können und nicht faulen.

Gartenbesitzer, die auf Selbstversorgung mit Wintergemüse Wert legen, graben Endiviensalat samt der Wurzel aus und stellen die Köpfe aufrecht in Eimer. Dabei ist wichtig, dass die Köpfe bei der Ernte trocken sind und faulige Blätter entfernt werden. In einem kühlen, frostfreien Raum halten sie sich wochenlang.

Steckbrief Endiviensalat

- Pflanzenfamilie:
  Korbblütler, einjährig
- Herkunft:
  Mittelmeerraum, Naher Osten
- Aussaat/Pflanzung:
  Aussaat Mitte Juni–Juli/Pflanzung im August
- Kulturansprüche:
  Sonnig, nahrhafter Gartenboden, feucht halten
- Ernte:
  Blattköpfe Herbst bis Frühwinter (Oktober–Dezember)
- Verwendung:
  Blätter, in mundgroße Stücke gezupft oder geschnitten für Salate; auch gedünstet zuzubereiten
- Empfehlenswerte Sorten:
  'Escariol, grüner', 'Bubikopf'
- Für Kasten und Kübel:
  Bedingt geeignet

Erdbeerspinat als Hingucker im Gemüsegarten. Blätter und „Erdbeerchen" sind essbar.

Erdbeerspinat

Der Echte Spinat verdrängte andere ähnlich genutzte Spinatgemüse, und so geriet auch der Erdbeerspinat in Vergessenheit und wurde erst vor wenigen Jahren als Dekogemüse wieder eingeführt. Genau genommen sind es zwei Arten: der Kopfige Erdbeerspinat (*Chenopodium capitatum*) und der Echte Erdbeerspinat (*Chenopodium foliosum*). Die erdbeerartigen roten Früchtchen reihen sich an den Ästchen auf und sind essbar; ihr Geschmack ist leicht süßlich, aber fade. Kulinarisch geben sie wenig her. Aber als Tellerdekoration machen sich früchtetragende Stängel hervorragend.

Erdbeerspinat sät man im Frühjahr (April/Mai) in Reihen aus. Die jungen Blätter und Triebe kann man wie Spinat ernten und nutzen. Ausgewachsene, bis etwa 80 cm hohe Pflanzen sehen mit ihren Seitenästen bäumchenartig aus. Durch die Beeren werden sie allerdings kopflastig und legen sich um. Beete mit Erdbeerspinat sehen deshalb meistens etwas wild aus.

Der Erdbeerspinat ist ein einjähriges Gewächs und stirbt nach der Fruchtreife ab. Die Blätter vergilben schon vorher. In dieser Phase sieht er dann nicht mehr schön aus. Wenn man die Pflanzen stehen lässt, versamt er sich und kommt „von allein" als Gartenvagabund außerhalb der Gemüsereihen irgendwo zum Vorschein – so wie Ringelblumen oder Dill.

Steckbrief Erdbeerspinat

- Pflanzenfamilie:
  Gänsefußgewächs, einjährig
- Herkunft:
  Westasien, südliches Europa
- Aussaat:
  April–Mai
- Kulturansprüche:
  Anspruchslos, muss nicht gedüngt werden
- Ernte:
  Junge Blätter; fruchttragende Triebe
- Verwendung:
  Blätter wie Spinat; essbare Früchte zum Dekorieren
- Für Kübel und Kästen:
  Geeignet; dekorativ durch überhängenden Wuchs

Feldsalat, Ackersalat, Rapunzel, Vogerlsalat

Feldsalat oder Ackersalat (*Valerianella locusta*) ist für den winterlichen Salatteller unverzichtbar. Es handelt sich um eine einheimische Wildpflanze, die in vielen Regionen Mitteleuropas auf mageren Wiesen, auf Äckern, an Böschungen und in Weinbergen wächst. Bis Mitte des vergangenen Jahrhunderts sammelten Landbewohner die Blattrosetten häufig am Naturstandort. Zur Ernte schneidet man einfach die ganze Blattrosette ab; die Wurzel bleibt im Boden.

Die Blätter des Feldsalats sind je nach Sorte rundlich, länglich oder löffelblättrig. Sie sind rosettenartig angeordnet und liegen meist flach dem Boden an – so wie bei der Standardsorte 'Dunkelgrüner, vollherziger' – oder sie stehen aufrecht. Auch diese Eigenschaft ist abhängig von der Sorte.

Feldsalat wird in der Regel im August/September im Freiland breitwürfig oder in Reihen (Abstand 15 cm) direkt aufs Gartenbeet ausgesät. Die Aussaat von Feldsalat gelingt in milderen Gegenden auch im Frühjahr bis Anfang März; wird später gesät, neigen die meisten Sorten aber zum Schossen. Allerdings gibt es mittlerweile auch einige schossfeste Sorten, die das ganze Jahr über ausgesät werden können.

Sie können Feldsalat aber auch ins Kleingewächshaus oder ins Frühbeet säen. Das hat den Vorteil, dass Sie im Winter jederzeit, auch wenn draußen Schnee liegt, ernten können.

Beim Säen des Feldsalats sollten Sie ein paar Dinge beachten:

- Die Saat keimt besser, wenn die Samen auf der Beetfläche oder in den Saatrillen gut mit dem Rechenrücken festgeklopft werden.
- Für gutes Keimen müssen Feldsalatsaaten dunkel und feucht gehalten werden. Am besten deckt man das Beet bis zum Keimen mit Tüchern oder lichtundurchlässigem Vlies ab.
- Halten Sie das Saatbeet unter der Abdeckung feucht. Am besten beschweren Sie das Abdeckungsmaterial am Rand mit Steinen oder Holzbrettern, damit es vom Wind nicht weggeweht wird.

Feldsalat ist eine zweijährige Pflanze, die im Frühjahr des zweiten Jahres in die Höhe schießt und blüht. In dieser Phase ist der Feldsalat kaum noch nutzbar. Die winzigen hellblauen Blüten verblassen beim Verblühen. Wenn man die Samen ausreifen lässt, verstreuen sie sich auf dem Beet und im Herbst keimen junge Feldsalatpflänzchen – ganz ohne Zutun der Gärtnerin oder des Gärtners. Ernten, ohne säen zu müssen, ist manchmal auch ganz schön.

Feldsalat wird üblicherweise breitwürfig gesät.

Steckbrief Feldsalat

- Pflanzenfamilie:
  Baldriangewächs, ein- bis zweijährig
- Herkunft:
  Europa, Nordafrika
- Aussaat:
  August–September
- Kulturansprüche:
  Feinkrümeliger Boden; auch Kultur im Gewächshaus und Frühbeet
- Ernte:
  Ab November–April
- Verwendung:
  Blattrosette, frisch
- Empfehlenswerte Sorten:
  'Dunkelgrüner, vollherziger': alte Standardsorte mit kernig nussigem Geschmack; 'Elan': sehr raschwüchsig, besonders für den Anbau im Kleingewächshaus; 'Medaillon': kompakt wachsende Sorte mit dunkelgrünen, breitrunden Blättern, für nahezu ganzjährigen Anbau im Freiland; 'Vit': raschwüchsig, hoher Ertrag, aufrechter Blattstand, für den ganzjährigen Anbau im Gewächshaus
- Für Kübel und Kästen:
  Bedingt geeignet

Knollen-Fenchel, Gemüse-Fenchel

Knollen-Fenchel oder Gemüse-Fenchel (*Foeniculum vulgare* subsp. *vulgare* var. *azoricum*) ist ein feines Gemüse. Er sieht mit seinem ebenmäßigen Aufbau, dem hohen Wuchs (50–80 cm) und den fein gefiederten Blättern dekorativ aus – eine ästhetische Bereicherung für jeden Garten. Er ist einfach zu kultivieren, wird jedoch selten angebaut. Vielleicht liegt es daran, dass manche Menschen das Gemüse wegen des leicht anisartigen Geschmacks nicht mögen.

Knollen-Fenchel kann über einen langen Zeitraum von Mitte Mai bis Anfang Juli gesät werden. Säen Sie entweder direkt aufs Beet oder kultivieren Sie auf einem Aussaatbeet vor. Gepflanzt wird im Abstand von 15–20 cm in der Reihe und von Reihe zu Reihe 30–40 cm. Säen Sie am besten in Sätzen, also im Abstand von etwa drei Wochen, sodass nicht zu viel von dem Gemüse auf einmal zum Ernten bereit steht.

Ältere Fenchelsorten neigen zum Schossen, also zur vorzeitigen Blütenbildung, und werden deswegen erst nach der Sommermitte gesät und gepflanzt. Neuere Sorten, denen durch züchterische Auslese die vorzeitige Schossneigung genommen worden ist, eignen sich für den Ganzjahresanbau.

Botanisch betrachtet ist Knollen-Fenchel eine zweijährige Pflanze, die im zweiten Jahr in Blüte geht und dann ihren Wachstumszyklus beendet.

Der schmackhafte Knollen-Fenchel gibt im Garten eine gute Figur ab.

Das Gemüse braucht einen sonnigen Standplatz und muss gleichmäßig mit Wasser versorgt werden. Lassen Sie Knollen-Fenchel nicht zu lange auf dem Beet stehen, da die Knollen sonst verholzen und zum Platzen neigen.

Knollen-Fenchel ist fester Bestandteil der italienischen Küche. Er kann als Rohkost, als Gemüse, für italienische Vorspeisen oder zum Grillen verwendet werden. Nutzen Sie auch das fein gefiederte Blattwerk zum Würzen von Fischgerichten. Das leicht anisartig schmeckende Kraut hat jedoch bei Weitem nicht so viel Geschmack wie der ähnlich aussehende Dill.

Steckbrief Knollen-Fenchel

- Pflanzenfamilie:
  Doldenblütler, zweijährig
- Herkunft:
  Mittelmeerraum
- Aussaat, Pflanzung:
  Mitte Mai–Anfang Juli, abhängig von Sorte
- Kulturansprüche:
  Sonnig, braucht viel Wasser
- Ernte:
  Nicht zu lange stehen lassen, da die Knollen sonst verholzen und eventuell platzen; Blattstiele einkürzen
- Verwendung:
  Als Rohkost, als Gemüse, für italienische Vorspeisen, zum Grillen; das feine gefiederte Blattwerk zum Dekorieren
- Empfehlenswerte Sorten:
  'Finale': schwere Knollen, für Frühjahr-, Sommer- und Herbstanbau; 'Selma': schwere Knollen; 'Zefa Fino'
- Für Kübel und Kästen:
  Bedingt geeignet

Guter Heinrich, Wilder Spinat

Der Gute Heinrich (*Chenopodium bonus-henricus*) – in manchen Regionen kennt man ihn unter dem Namen „Wilder Spinat" – war früher im dörflichen Umfeld um die Dunglegen an den Bauernhäusern und an anderen nährstoffreichen Standorten verbreitet. Heute findet man kaum noch wild wachsenden Guten Heinrich, allenfalls auf abgelegenen Hofstellen, in nicht zu aufgeräumten Dörfern und in Freilandmuseen als rares Relikt der wertvollen Dorfflora.

Den Guten Heinrich muss man einmal bewusst gesehen und befühlt haben. Charakteristisch sind die bemehlten, bis 10 cm breiten und langen, dreieckig spießförmigen Blätter. Beim Anfassen spürt man die „Mehl"schicht. Die grünen ährigen Blütenstände sehen dagegen unscheinbar aus.

Die Blätter vom Guten Heinrich sind fester als die des Echten Spinats und schmecken kräftiger.

Hirseauflauf mit Gutem Heinrich (Rezept auf S. 32).

Der Gute Heinrich ist ein ausdauerndes Gewächs, eine Staude, die jährlich wiederkommt. Kräutergärtnereien verkaufen Saatgut und Pflanzen. Am besten säen Sie die feinen Samen an Ort und Stelle in der Reihe. Günstige Zeitpunkte sind im Frühjahr und im Spätsommer nach der Samenreife. Schon bald zeigen sich die ersten pfeilförmigen Blätter. Die aufrechten Blütenstände werden etwa 80 cm hoch, und wenn sie zur Samenreife kommen, versamen sie sich leicht. Es kann so weit kommen, dass mehr Sämlinge erscheinen, als einem lieb ist, denn der Samenansatz ist enorm. Am besten schneiden Sie deshalb die Blütenstände noch vor der Samenbildung ab. Der Gute Heinrich bildet einen kräftigen Wurzelstock mit strunkigen Wurzeln aus und lässt sich im ausgewachsenen Zustand kaum noch verpflanzen.

Ernten Sie die jungen Triebspitzen und die jungen Blätter. Ältere Blätter werden hart und etwas bitter. Der Gute Heinrich lässt sich genauso wie Spinat verwerten. Werden die Blätter leicht gedämpft, kann man Aufläufe, Maultaschen oder Strudel damit füllen. Einzelne, ganz junge Blätter können Sie auch in Blattsalate mischen.

Steckbrief Guter Heinrich

- Pflanzenfamilie:
  Gänsefußgewächs, ausdauernd
- Herkunft:
  Europa
- Aussaat/Pflanzung:
  Frühjahr bis Herbst
- Kulturansprüche:
  Nährstoffreicher Boden, sonniger Platz
- Ernte:
  Blätter, zarte Triebe
- Verwendung:
  Für „Spinat"-Gemüse, für pikante Füllungen
- Empfehlenswerte Sorten:
  Nur die Wildart
- Für Kübel und Kästen:
  Geeignet; tiefe Pflanzgefäße nehmen

Hirseauflauf mit Gutem Heinrich

(für 2–3 Personen)

1 Tasse Hirse
2 Tassen Wasser
2 Handvoll Guter Heinrich
2 große oder 3 kleine Eier
100 g Reibkäse
Salz, Pfeffer, Muskat
Butter für die Form

Hirse mit dem Wasser aufkochen und bei niedriger Temperatur ausquellen und abkühlen lassen. Guter Heinrich waschen und kurz blanchieren. Die Blätter grob zerkleinern. Die Eier, den Käse, die Gewürze und zum Schluss den Guten Heinrich unter die körnige Hirse ziehen. Die Hirsemasse in eine flache, gefettete Auflaufform füllen. Auf der Oberfläche ein paar Butterflöckchen verteilen.
Im Backofen auf der mittleren Schiene etwa 30 Minuten bei 220 °C backen.

Hirschhornwegerich bildet üppige Blattrosetten mit fein geschlitzten Blättern.

Hirschhornwegerich

Wer auf Raritäten aus ist, sollte sich einmal an die Kultur des Hirschhornwegerichs oder Krähenfußwegerichs (*Plantago coronopus*) wagen. Vielleicht haben Sie die schmalen, hirschgeweihartig geschlitzten Blätter unbewusst schon einmal in einer Mischung bunter Blattsalate gegessen. In Norditalien und im Tessin wird er heute noch als Salatgemüse angebaut.

Der Hirschhornwegerich ist eine winterharte Rosettenstaude, die an den Küstenregionen Europas wild vorkommt; er ist auch schon entlang der Autobahnen gefunden worden. In Gärten im Landesinneren muss er gesät oder gepflanzt werden.

Im Gegensatz zu anderen Wegericharten entwickelt die Art schmale, wie Hirschgeweihe oder Krähenfüße geschlitzte Blätter. Aus der Rosette erheben sich die steifen, blattlosen Stiele mit den ährenartigen Blütenständen an der Spitze. Hirschhornwegerich ist winterhart und bleibt im Winter grün; man kann die Blätter fast das ganze Jahr über ernten. Die grünen Blätter sind fleischig und haben einen leicht salzigen und bitteren Geschmack. Schonen Sie beim Ernten das Herz der Pflanze, damit sie wieder neu austreiben kann.

Säen Sie das Blattgemüse von März bis September auf ein sonniges Beet mit nährstoffreichem, humosem Boden in Reihen mit ca. 20 cm Abstand. Bereits nach sechs Wochen kann man die ersten fleischigen Blätter ernten.

Da der Hirschhornwegerich eine Pfahlwurzel ausbildet, gelingt das Verpflanzen nur bei jungen Exemplaren. In kalten Lagen empfiehlt es sich, im Winter Frostschutz aufzulegen.

Von den anderen Wegericharten ist nur der Spitzwegerich essbar. Die Blätter des Mittleren Wegerichs und des Breitwegerichs sind zu hart.

Steckbrief Hirschhornwegerich

- Pflanzenfamilie:
  Wegerichgewächse, ausdauernd
- Herkunft:
  Europa
- Aussaat:
  Aussaat ab März–September in Reihen
- Kulturansprüche:
  Nährstoffreicher, humoser Boden
- Ernte:
  Blätter
- Verwendung:
  Für Salate, frisch
- Empfehlenswerte Sorten:
  Nur die Art
- Für Kübel und Kästen:
  Bedingt geeignet, da Pfahlwurzler

Löffelkraut fühlt sich in kühlen Klimaregionen wohl.

Löffelkraut

Wer sich mitten im Winter gern mit grünem Blattsalat aus dem Garten versorgen möchte, sollte sich mit dem Löffelkraut anfreunden. Das Echte Löffelkraut (*Cochlearia officinalis*) ist an den Küsten West- und Nordeuropas auf salzhaltigen Böden zu Hause. Im Binnenland wächst es dagegen nicht wild. Wer Löffelkraut in küstenfernen Regionen anbauen will, sollte ihm einen kühlen, feuchten Standort geben. Auf normalen, sonnigen Beeten sind die Bedingungen nicht ideal.

Säen Sie im Frühjahr oder im Spätsommer direkt auf Beete im Garten mit einem Reihenabstand von 20–30 cm und vereinzeln auf 10 cm in der Reihe. Wenn Sie zunächst einmal ausprobieren wollen, ob Ihnen das Kraut schmeckt, ist es besser, eine Pflanze beim Gärtner zu kaufen. Das Kraut überwintert mit grünen Blättern und bildet im Frühjahr duftende weiße Blüten aus. An Orten mit idealen Lebensbedingungen versamt sich das Löffelkraut und wird zum Dauergast im Garten.

Die sukkulenten, dickfleischigen Blätter auf langen Stielen schmecken kresseartig scharf. Sie enthalten viel Vitamin C. In früheren Zeiten war das Löffelkraut eine wichtige Winternahrung und versorgte die Menschen mit lebensnotwendigem Vitamin C gegen Skorbut.

Steckbrief Löffelkraut

- Pflanzenfamilie:
  Kreuzblütler, zweijährig
- Herkunft:
  Meeresküsten Europas
- Aussaat/Pflanzung:
  Aussaat im Frühjahr; Pflanzung im Herbst
- Kulturansprüche:
  Feuchter Boden, kühles Klima
- Ernte:
  Blätter
- Verwendung:
  Frisch für Salate
- Empfehlenswerte Sorten:
  Nur die Art
- Für Kübel und Kästen:
  Geeignet

Löwenzahn

Löwenzahn (*Taraxacum officinale*) als Kulturgemüse – das klingt zunächst etwas befremdlich, weil dieser Korbblütler doch den Ruf eines Unkrauts hat. Aus der Sicht der Gärtner ist das sicher berechtigt; aus Sicht der Feinschmecker jedoch nicht. In Teilen Europas wird der Löwenzahn als Gemüsedelikatesse geschätzt und roh oder gedünstet zubereitet.

In der Küche werden sowohl der wild aufgegangene Löwenzahn als auch Kultursorten mit etwas milderem Geschmack und üppigerem Wuchs verwendet. Der wilde Löwenzahn sollte ganz jung geerntet werden, solange die Blätter noch hellgrün und zart sind. Man kann einzelne Blätter ernten oder ganze Rosetten an der Basis abschneiden.

Wer einen großen Bedarf an dem Bitterkraut hat, sollte Löwenzahn gezielt in Reihen auf dem Gartenbeet aussäen, genauso wie Salat und Rettich. In nährstoffreicher Erde bilden sich üppige Blattrosetten, die sich gut für Küchenzwecke ernten lassen. Nach dem Abschneiden treibt die Pflanze aus der rübenartigen Wurzel neue, etwas kleinere Blattschöpfe, die wieder ideal für die Salatschüssel sind. Löwenzahn lässt sich übrigens gut bleichen. Dazu einfach einen großen Blumentopf oder einen Eimer über die Blattrosetten stülpen. Die gebleichten Blätter sind zarter und schmecken milder als die dem Licht ausgesetzten Blätter.

Verwenden Sie eher junge, zarte Löwenzahnblätter, die noch hellgrün sind, frisch für Salate. Sie sind nicht so bitter wie die älteren Blätter, obwohl es eigentlich gerade die Bitterstoffe sind, die den Löwenzahn zur Gesundkost machen; sie regen den Stoffwechsel und die Verdauung an.

Außer dem Stängel lässt sich beim Löwenzahn alles verarbeiten: die in eine Essig-Salz-Lösung eingelegten Blütenknospen als falsche Kapern und die gerösteten Wurzeln als Kaffee-Ersatz. Gesundheitsbewusste Wildgemüsefans verspeisen auch die bitterstoffreiche Wurzel oder trinken daraus zubereiteten Frischpresssaft. So ist man mit der Allerweltspflanze Löwenzahn für alle Fälle gerüstet!

Löwenzahnsalat mit Pilzen und Nüssen schmeckt köstlich und sieht toll aus (Rezept auf S. 36).

Steckbrief Löwenzahn

- Pflanzenfamilie:
  Korbblütler, ausdauernd
- Herkunft:
  Weltweit verbreitet
- Aussaat:
  März–Mai, Reihenabstand 3 cm
- Kulturansprüche:
  Nährstoffreicher, guter Gartenboden
- Ernte:
  Junge Blätter, Wurzeln
- Verwendung:
  Frisch für Salate und Frischpresssaft, gedünstet als Beilage; Wurzeln für Frischpresssaft, als Kaffee-Ersatz, für Tee
- Empfehlenswerte Sorten:
  'Verbesserter Vollherziger'
- Für Kübel und Kästen:
  Bedingt geeignet; in tiefen Topf pflanzen, da Löwenzahn eine Pfahlwurzel ausbildet

Löwenzahnsalat ländliche Art

(für 2 Personen)

1 Schüssel Löwenzahnblätter oder kleine Blattrosetten
Champignons
50 g Haselnüsse
4 Knoblauchzehen
2 hart gekochte Eier

Für die Vinaigrette:
4 EL Olivenöl
1 EL Zitronensaft
2 EL Weißweinessig
Salz, Pfeffer, Dijonsenf

Löwenzahnblätter gründlich waschen, kleinere Blätter ganz lassen, die großen in Streifen schneiden, Champignons in dünne Scheiben schneiden, Nüsse und Knoblauch fein hacken. Die Salatsoße zubereiten, Nüsse und Knoblauch unterrühren, Eier klein würfeln.
Schön geformte Löwenzahnblätter auf einem runden Teller sternförmig auslegen, Champignonscheiben im Kreis darüberlegen, restliche Löwenzahnblätter zerkleinern und in der Mitte des Tellers aufhäufen. Die Nussvinaigrette von der Mitte her über den Salat verteilen. Mit den gehackten Eiern garnieren.

Mangold

Der Mangold (*Beta vulgaris* subsp. *cicla*) hätte es verdient, wieder mehr in den Gärten angebaut zu werden. Er wächst problemlos, braucht kaum Pflege und bringt bei guter Nährstoffversorgung enorme Erträge. Zusätzlich zu all diesen Vorzügen sieht das Gänsefußgewächs mit seiner interessanten Gestalt und Färbung auch noch dekorativ aus. Beim Mangold unterscheidet man Sorten mit breiten Stielen, zum Beispiel 'Walliser' oder 'White Silver', und Sorten mit höherem Blattanteil wie 'Bright Lights' oder 'Rhubarb Chard' sowie Schnittmangold, der dem Spinat ähnelt.

Die Mangoldsorte 'Bright Lights' sieht mit ihren Stielen in vielen Farben dekorativ aus.

Die eigenartigen knäueligen Mangoldsamen werden direkt aufs Beet gesät. Sie können die Pflänzchen im Haus aber auch vorziehen und verpflanzen sie dann im Lauf des späten Frühjahrs. Für eine gute Entwicklung brauchen die Pflanzen ausreichend Platz: Der Reihenabstand beim Schnittmangold sollte 20–30 cm sein, beim höherwüchsigen Stielmangold 30–40 cm, in der Reihe können die Pflanzen etwas enger stehen. Den Boden um die Pflanzen offen halten.

In nicht allzu kalten Wintern überwintert Mangold, schiebt im darauffolgenden Frühjahr zunächst Blätter und treibt dann mächtig aufragende Blütentriebe. Wenn Sie genügend Platz im Garten haben und selbst Saatgut gewinnen wollen, können Sie die Samen ausreifen lassen. Üblicherweise hackt man die schießenden Pflanzen ab und gibt sie zerkleinert auf den Kompost.

Schnittmangold oder das Grüne des Stielmangolds werden wie Spinat zubereitet und verwendet. Nehmen Sie die grünen Teile für Füllungen von Gemüsetaschen oder Pfannkuchen. In große Mangoldblätter ohne Stiel können auch Frischkäse oder Hackfleischvariationen eingewickelt werden. Wer ein Faible für die mediterrane Küche hat, dünstet die Blätter kurz und richtet sie mit ein paar Spritzern sehr gutem Olivenöl, frisch gemahlenem Pfeffer und etwas Salz an. Die breiten Blattstiele dagegen muss man etwas länger dünsten, reicht sie als Beilagengemüse oder mit einer hellen Soße.

Steckbrief Mangold

- Pflanzenfamilie:
  Gänsefußgewächs, zweijährig
- Herkunft:
  Europa
- Aussaat/Pflanzung:
  März–Juli
- Kulturansprüche:
  Nahrhafter Boden
- Ernte:
  Blätter mit Stielen über einen langen Zeitraum
- Verwendung:
  Schnittmangold wie Spinat; beim Stielmangold Stiele wie Spargel oder Schwarzwurzeln gedünstet, grüne Blattteile für Wickel oder Aufläufe
- Empfehlenswerte Sorten:
  Schnittmangold: 'Grüner Schnitt'; Stielmangold: 'White Silver'; 'Walliser'; Blatt-Stielmangold: 'Lukullus'; 'Bright Lights'; 'Rhubarb Chard'
- Für Kübel und Kästen:
  Bedingt geeignet, da sehr wüchsig

Melde, Garten-Melde

Die Garten-Melde (*Atriplex hortensis*) stammt ursprünglich aus Zentralasien, hat sich in Europa jedoch eingebürgert. Sie ist mit einheimischen, wild wachsenden Meldearten wie der Pfeilblättrigen Melde (*Atriplex calotheca*) und der Spreizenden Melde (*Atriplex patula*) verwandt. Von der Garten-Melde gibt es grün-, gold- und rotblättrige Sorten.

Die Rote Melde wächst hoch hinaus.
(Foto: Floramedia.de)

Die Rote Melde (*Atriplex hortensis* 'Rubra') sieht im Garten wegen ihrer auffallenden dunkelpurpurnen Farbe und ihres hohen Wuchses interessant aus. Ein einzelnes Exemplar der rot- oder grünblättrigen Melde kann 2 m hoch und höher wachsen und bildet reichlich weit ausladende Seitenäste aus. Die Art bedrängt und unterdrückt deshalb andere Pflanzen, die in der Nähe wachsen. Sie ist also nichts für Reihenkulturen in kleinen Gemüsegärten, passt aber gut an den Beetrand. Doch seien Sie vorsichtig mit dem Gewächs: Es bildet reichlich Samen aus, die sich überall im Garten verstreuen und in den Folgejahren keimen. Die einjährige Pflanze stirbt im Spätherbst ab.

Die jungen, leicht bemehlten Blättchen lassen sich roh für Salate und auch gedünstet nutzen. Alle Gerichte, die mit Echtem Spinat zubereitet werden, kann man auch mit Melde machen. Die roten Blätter sind eine schöne Tellerdekoration.

Steckbrief Melde

- Pflanzenfamilie:
  Gänsefußgewächs, einjährig
- Herkunft:
  Zentralasien
- Aussaat/Pflanzung:
  Aussaat im Frühjahr; Pflanzung April–Mai
- Kulturansprüche:
  Nährstoffreicher Boden, sonniger Platz
- Ernte:
  Laufend die jungen Blätter und Triebspitzen für Spinat, auch frisch zum Dekorieren
- Verwendung:
  Dünsten wie Spinat, roh als Salatbeigabe und zum Dekorieren
- Empfehlenswerte Sorten:
  Grün-, rot-, und goldenblättrige Sorten
- Für Kübel und Kästen:
  Bedingt geeignet, da nährstoffbedürftig

Neuseeländer Spinat, Sommerspinat

Noch ein „Spinat"! Neuseeländer Spinat (*Tetragonia tetragonioides*) fällt etwas aus dem Rahmen der bisher erwähnten Blattgemüse, denn er ist kein Gänsefußgewächs, sondern gehört zu einer anderen Pflanzenfamilie, zu den Eiskrautgewächsen. Er stammt aus Australien und Neuseeland und wurde im 19. Jahrhundert häufiger kultiviert als heute. Der große Vorteil des Neuseeländer Spinats ist, dass er im Sommer nicht schießt wie der Echte Spinat. Er ist daher für den Anbau im Sommer geeignet. Das ist auch der Grund für die ebenfalls gebräuchliche Bezeichnung „Sommerspinat".

Der Neuseeländer Spinat braucht lange, bis er den Boden bedeckt, deshalb bietet es sich an, direkt daneben schnell wachsende Lücken-

Der flach dem Boden anliegende Neuseeländer Spinat liefert im Hochsommer reiche Ernte.

füller wie Radieschen anzubauen. Er breitet sich mit langen Trieben am Boden aus. Man erntet zunächst die Triebspitzen, um zur Verzweigung anzuregen. Das sehr ertragreiche Blattgemüse wächst ständig nach. Bereiten Sie Neuseeländer Spinat wie Echten Spinat zu.

Steckbrief Neuseeländer Spinat

- Pflanzenfamilie:
  Eiskrautgewächs, einjährig
- Herkunft:
  Australien
- Aussaat/Pflanzung:
  Aussaat im späten Frühjahr; Pflanzung Anfang bis Mitte Mai, Pflanz- und Reihenabstand ca. 50 cm
- Kulturansprüche:
  Nährstoffreicher Boden, sonniger Platz
- Ernte:
  Laufend die jungen Blätter und Triebspitzen für Spinat, auch frisch zum Dekorieren
- Verwendung:
  Frische Blatttriebe für Salate
- Empfehlenswerte Sorten:
  Nur die Art
- Für Kübel und Kästen:
  Bedingt geeignet

Portulak, Sommer-Portulak

Was ist eigentlich Portulak? Vor allem ist unter dem Oberbegriff Portulak der Gemüse-Portulak (*Portulaca oleracea* subsp. *sativa*) gemeint, eine Kulturpflanze für den Sommeranbau. Beim Winter-Portulak oder Winterpostelein (*Montia perfoliata*) handelt es sich nämlich um eine andere Pflanzenart.

Säen Sie in Sätzen von April bis Oktober. Als Lichtkeimer werden die Samen nur leicht eingeharkt und mit dem Rechenrücken festgedrückt. Die Varietät mit einer grün- und einer gelbblättrigen Form wächst sehr schnell und aufrecht bis 40 cm hoch. Von der Aussaat bis zur ersten Ernte dauert es nur etwa vier Wochen. Gegessen werden die fleischigen, leicht salzig schmeckenden Triebe und Blätter.

Die Wildform des Portulaks *(Portulaca oleracea* subsp. *oleracea*) wächst als einjähriges „Unkraut" in Gärten, auf Friedhöfen, in Weinbergen, überall in Pflasterfugen, vorzugsweise auf sandigen, durchlässigen Böden. Die Triebe des Wildportulaks mit rotem Stängel und dunkelgrünen, fleischigen, verkehrt eiförmigen Blättern liegen dem Boden an. Die gelben Blüten erscheinen von Juni bis Oktober. Dieser wilde Portulak ist ebenfalls essbar.

Steckbrief Portulak

- Pflanzenfamilie:
  Portulakgewächse, einjährig
- Herkunft:
  Europa, Asien
- Aussaat:
  In Reihen von April–Mai
- Kulturansprüche:
  Sonnig, warm; nährstoffreicher, eher sandiger Gartenboden
- Ernte:
  Fleischige Blatttriebe und Blätter
- Verwendung:
  Frische Blatttriebe und Blätter für Salat

- Empfehlenswerte Sorten:
  Grün- und gelbblättrige Form
- Für Kübel und Kästen:
  Bedingt geeignet

Radicchio, Salat-Zichorie

Radicchio oder Salat-Zichorie (*Cichorium intybus* var. *foliosum*) ist ein leicht bitter schmeckendes Zichoriengewächs, verwandt mit Endiviensalat und Chicorée. In Italien und der Schweiz wird er häufig angebaut und gern gegessen. Grünblättrige oder gesprenkelte Sorten werden für unsere mitteleuropäische Küche jetzt erst entdeckt. Radicchio ist vielgestaltig, mit lockeren Rosetten oder kompakten Köpfchen. Es gibt viele purpurfarbene Sorten mit breiten weißen Blattrippen beziehungsweise Blattadern. Die knackigen Radicchioblätter sind für bunte, winterliche Blattsalate wunderbar, auch deshalb, weil sie Farbe auf den Teller bringen. Die dicht gepackten Blätter muss man vorsichtig vom Kopf ablösen und für die Salatschüssel in mundgerechte Stücke rupfen. Oder Sie lassen die Blätter ganz und nehmen sie als Basis zum Anrichten von Vorspeisen und Salaten.

Wählen Sie zwischen Sorten für Sommernutzung und für Winternutzung. Sommersorten aus dem Profianbau wie 'Indigo' werden im April und Mai in Reihen direkt aufs Gartenbeet gesät und später bei zu dichtem Stand vereinzelt; sie werden im Lauf des Sommers und Herbstes geerntet. Wintersorten wie 'Palla Rossa' sät man zur gleichen Zeit wie Endiviensalat nach der Sommersonnenwende von Juni bis Juli. Damit sich die Köpfchen gut entwickeln können, sollten sie in weitem Abstand von 30–40 cm gepflanzt werden. Bei den Wintersorten bilden sich die Köpfchen erst im Spätherbst oder sogar erst im Frühjahr. Unter Umständen sind die Pflanzen nicht ganz winterhart.

Wer etwas ganz Besonderes ausprobieren möchte, sollte sich einmal an der cremeweißen, rot und grün gesprenkelten Sorte 'Variegata di Castelfranco' mit mildem Geschmack versuchen. In Italien werden weitere Sorten kultiviert, die teils nur lockere Rosetten bilden. Diese Sorten sind jedoch nur bedingt für mitteleuropäisches Klima geeignet.

Steckbrief Radicchio

- Pflanzenfamilie:
  Korbblütler, ein- bis zweijährig
- Herkunft:
  Kulturpflanze
- Aussaat/Pflanzung:
  Sommersorten im April–Mai; Wintersorten im Juni–Juli; auspflanzen Juli–August
- Kulturansprüche:
  Nahrhafter Boden
- Ernte:
  Blattköpfe oder einzelne Blätter
- Verwendung:
  Roh für Salate; gedünstet als Gemüse
- Empfehlenswerte Sorten:
  'Grumolo': dunkelgrüne kleine Köpfe, kaum bitter;
  'Variegata di Castelfranco': cremeweiß, rot und grün gesprenkelt;
  'Palla Rossa': rot und weiß
- Für Kübel und Kästen:
  Bedingt geeignet

Der sukkulente Sommer-Portulak ist eine willkommene Salatbeigabe.

Vom bitter schmeckenden Radicchio gibt es Sorten zur Ernte im Herbst oder für Überwinterungsanbau.

Der dunkelrot gesprenkelte Romana-Salat 'Forellenschluss' ist als Sommersalat sehr zu empfehlen.

Die einjährige Salatrauke oder Rucola braucht nur wenige Wochen von der Aussaat bis zur Ernte.

Römischer Salat, Romana-Salat

Den Römischen Salat (*Lactuca sativa* var. *longifolia*) sollten Sie unbedingt in Ihr Anbauprogramm aufnehmen! Bei diesem Sommersalat mit knackigen Blättern stehen die locker aufgebauten Köpfe aufrecht. Sie behalten wochenlang ihre Form und schießen erst spät, sodass man sich die Ernte gut einteilen kann. Und zusätzlich zu all diesen Vorzügen werden Romana-Salate weitgehend von Schnecken verschont, weil ihr Blattwerk etwas fester als das der anderen Salate ist.

Eine neue Art auf dem Gemüsemarkt ist der „Rote Feldsalat". Dies ist eigentlich ein Romana-Salat, der Blattrosetten ausbildet. Sie können von dem Blattgemüse die ganze Rosette oder nur einzelne Blättchen ernten.

Steckbrief Römischer Salat

- Pflanzenfamilie:
  Korbblütler, einjährig
- Herkunft:
  Kulturgemüse
- Aussaat/Pflanzung:
  Frühjahr bis Sommer in Sätzen
- Kulturansprüche:
  Sonniger Platz, nahrhafter Boden
- Ernte:
  Blattköpfe/-rosetten oder einzelne Blätter
- Verwendung:
  Frisch für Salate
- Empfehlenswerte Sorten:
  'Forellenschluss': rot gesprenkelte Blätter
- Für Kübel und Kästen:
  Geeignet

Rucola, Salat-Rauke

Die einjährige Salat-Rauke oder Rucola (*Eruca sativa*) ist ideal für Aussaaten im zeitigen Frühjahr und im Herbst. Man sät sie in Sätzen im Abstand von 15–25 cm, damit über längere Zeit geerntet werden kann. Sie keimt bei niedrigen Temperaturen und wächst sehr schnell. Je nach Sorte und Wachstumsbedingungen ist die Rauke nach 3–6 Wochen erntereif und kann deshalb auch im Frühjahr als eine der ersten Kulturen ins Freiland gesät werden. Wenn die Tage zum Sommer hin länger werden, schießt Rucola aber sehr schnell. Sie lässt sich auch während des Winters in Töpfen auf dem Fensterbrett, im Wintergarten oder im warmen Gewächshaus ziehen.

Steckbrief Rucola

- Pflanzenfamilie:
  Kreuzblütler, einjährig
- Herkunft:
  Mittelmeerraum
- Aussaat:
  März–Mai und September–Oktober in Sätzen
- Kulturansprüche:
  Anspruchslos, zur Vor- und Nachnutzung
- Ernte:
  Blätter einzeln oder Blattbüschel mit dem Messer abschneiden
- Verwendung:
  Frisch für Blattsalate, als Pizzabelag, zu Pasta
- Empfehlenswerte Sorten:
  Verschiedene Herkünfte;
  'Runway': Rucola-Hybride, schnellwüchsig
- Für Kübel und Kästen:
  Geeignet

Sauerampfer

Der Große Sauerampfer (*Rumex acetosa*) ist ein ausdauerndes Gewächs aus der Familie der Knöterichgewächse. Sauerampfer wächst in vielen Regionen Deutschlands und Österreichs wild auf Wiesen, an Böschungen und Wegrändern. Er bevorzugt etwas feuchteren Boden, gedeiht aber auch noch auf trockenen Standorten. Die Wildform lässt sich zwar im Garten kultivieren, empfehlenswerter ist es jedoch, spezielle Gartensorten mit größeren Blättern zu pflanzen, zum Beispiel die Sorte 'Belleville'. Normalerweise genügt eine Pflanze pro Haushalt – es sei denn, Sie wollen ein Restaurant mit dem Würzkraut versorgen!

Jedes Jahr von Neuem treibt der Sauerampfer sein üppiges Blattwerk, geht dann aber auch bald in Blüte; die langen Blütenstängel ragen weit über die Blattbüschel hinaus. Zur Blütezeit sind die Blätter nicht mehr gut genießbar. Am besten schneidet man deshalb im Sommer die Staude zurück, damit sie mit ihren pfeilförmigen Blättern wieder austreibt. Im Spätsommer bis Herbst schließt sich eine zweite Ernteperiode an.

Die großblättrige Sorte 'Profusion', eine Züchtung aus Kanada, ist für den Gartenanbau besonders empfehlenswert. Sie beginnt sehr bald im Frühling zu treiben und schiebt unermüdlich neue Blätter nach. Im Gegensatz zur Wildform und verschiedenen Sorten blüht 'Profusion' nicht, sondern steckt die ganze Wuchskraft in die großen Blätter. Diese Sorte kann nur vegetativ durch Teilung der dicken Rhizome vermehrt werden. Die fleischigen Blätter schmecken feiner als die der Wildform und bereichern fein geschnitten Salatsoße, Kräuterquark, Suppe oder Soufflé. Für Nierenkranke kann Sauerampfer allerdings schädlich sein, denn er enthält Oxalsäure.

Die großblättrige Sauerampfersorte 'Profusion' ist sehr ertragreich.

Eine andere dekorative Ampferart ist der Blutampfer (*Rumex sanguineus* var. *sanguineus*) mit roten Blattadern. Seine Blätter schmecken nicht ganz so sauer wie die des Sauerampfers. Der Blutampfer treibt unterirdische Ausläufer und verwildert mit der Zeit.

Steckbrief Sauerampfer

- Pflanzenfamilie:
  Knöterichgewächs, ausdauernd
- Herkunft:
  Europa
- Aussaat/Pflanzung:
  Frühjahr, Pflanzung Frühjahr bis Herbst
- Kulturansprüche:
  Feuchter, nahrhafter Boden
- Verwendung:
  Blätter für Vinaigrette, Kräuterquark, Suppe
- Empfehlenswerte Sorten:
  'Belleville'; 'Profusion': Blutampfer
- Für Kübel und Kästen:
  Geeignet

Sauerampfersoufflé

(für 4 Portionen) als Vorspeise

ca. 100 g Sauerampferblätter, von harten Stielen befreit und in Streifen geschnitten
ca. 100 g geriebener Emmentaler oder Greyerzer
1 kleine Zwiebel, gewürfelt
20 g Butter
etwas Mehlwasser
3 große oder 4 kleine Eier

Die Zwiebel in Butter glasig dünsten, mit Mehlwasser ablöschen. Etwas abkühlen lassen. Käse und Sauerampfer zugeben. Zum Schluss die Eier unterziehen und die Masse gleichmäßig auf 4 flache, gefettete Förmchen verteilen.
Im Backofen bei 200 °C 20 Minuten backen. Heiß servieren!

Spargelsalat

Beim Spargelsalat (*Lactuca sativa* var. *angustana*), einem Verwandten des Kopfsalats, handelt es sich um eine echte Rarität. Botanisch hat das Gemüse mit Spargel aber gar nichts zu tun, es gehört vielmehr zur Familie der Korbblütler. Leider ist Saatgut nur selten im Handel erhältlich, obwohl diese Spezialität es wirklich verdient, (wieder-)entdeckt zu werden. In früheren Zeiten hat es die Sorte 'Kasseler Strünkchen' zu einem gewissen Bekanntheitsgrad gebracht, die bei wenigen Saatgutinitiativen auch heute noch erhältlich ist (siehe Nützliche Adressen, Seite 92). Sorten wie ‚Grüner Stern' und ‚Roter Stern' sind ebenfalls empfehlenswert. Die eigenartigen Sortennamen lassen sich leicht erklären: Bei der Draufsicht erscheinen die rundum angeordneten, spitz zulaufenden Blätter wie ein Stern. Spargelsalat ist – abgesehen von seinen inneren und kulinarischen Werten – ein wertvolles, ertragreiches Gartengemüse, weil man sowohl die gebuchteten beziehungsweise gekrausten Blätter als auch den Stängel essen kann. Die Blätter schmecken säuerlich mit leicht bitterer Note. Der Stängel oder Strunk wird entblättert und geschält und roh oder gedünstet zubereitet. Er schmeckt zart wie Kohlrabi.

Das Gemüse wird wie Pflücksalat im April ins Freiland gesät und später auf einen Abstand von 15–20 cm in der Reihe vereinzelt. Es bildet sich zunächst eine Blattrosette. Aus der Rosette erhebt sich der unten bis ca. 5 cm stark verdickte Stängel, der sich nach oben verjüngt und bis 1 m und höher wachsen kann. Die Blüten erscheinen am Ende des Triebes. Zur Blütezeit sind die Stängel kaum noch genießbar; sie werden dann holzig.

Steckbrief Spargelsalat

- Pflanzenfamilie:
  Korbblütler, einjährig
- Herkunft:
  Kulturpflanze
- Aussaat/Pflanzung:
  Im April ins Freiland/Mai–Juni
- Kulturansprüche:
  Sonnig, normaler Gartenboden
- Ernte:
  Blätter, Stängel
- Verwendung:
  Für Salate, gedünstet als Gemüse
- Empfehlenswerte Sorten:
  'Kasseler Strünkchen', 'Grüner Stern', 'Roter Stern'
- Für Kübel und Kästen:
  Geeignet

Wilde Rauke

Neben der einjährigen Salat-Rauke (*Rucola*) ist die ausdauernd wachsende Wilde Rauke (*Diplotaxis tenuifolia*) unbedingt empfehlenswert, die schmalere, stark gezahnte Blätter besitzt. Die Blätter mit ihrem angenehmen, leicht scharfen und nussigen Geschmack bereichern jeden Salatteller. Die aus dem Mittelmeerraum stammende Wildpflanze hat sich in weiten Teilen Deutschlands und Österreichs eingebürgert. In Berlin und Umland wächst sie überall sogar am Straßenrand.

Die Wilde Rauke wächst buschig und bildet laufend neue beblätterte Triebe, aus denen sich ab Ende Mai und den Sommer hindurch die Blütenstände mit gelben Kreuzblüten entwickeln. Im Juni und Juli schneidet man die Triebe zurück. Die Pflanze treibt bald wieder neue Triebe mit jungen zarten Blättern nach. Einziger Nachteil des Salatgemüses ist der hohe Aufwand fürs Ernten, Putzen und Waschen.

Für den Bedarf einer Familie reichen übrigens eine oder wenige Pflanzen aus.

Die Wilde Rauke liefert vom Frühjahr bis Spätherbst angenehm mild-würzige Blätter für Salate.

Steckbrief Wilde Rauke

- Pflanzenfamilie:
  Kreuzblütler, ausdauernd
- Herkunft:
  Mittelmeerraum
- Aussaat:
  März–April
- Kulturansprüche:
  Anspruchslos
- Ernte:
  Frühjahr bis Herbst
- Verwendung:
  Frisch für Salate
- Empfehlenswerte Sorten:
  'Roma', 'Juno'
- Für Kübel und Kästen:
  Geeignet

Winterpostelein, Winter-Portulak, Kubaspinat

Alle, die im Winter gern Blattsalate essen, schätzen den Winterpostelein (*Montia perfoliata*). Er liefert den ganzen Winter über frisches grünes Blattwerk. Das Portulakgewächs stammt ursprünglich aus Nordamerika und mag nährstoffreichen, eher sandigen Gartenboden und einen sonnigen, warmen Platz. Der Winterpostelein eignet sich sowohl für die Kultur im Freiland als auch unter Glas, also im Frühbeet und Gewächshaus. Gesät wird im Freiland ab Ende August bis September (im Kleingewächshaus auch später und den Winter über) in Reihen mit einem Abstand von 10–15 cm.

Erntezeit des Winterposteleins ist vom Herbst bis zum Frühjahr. Schneiden Sie die Blätter mit den langen Stielen am besten büschelweise mit der Schere ab. Verwendbar sind auch blühende Pflanzen, bei denen die weißen Blüten auf dem Blatt zu sitzen scheinen, solange sie noch nicht zu hart sind. Winterpostelein samt sich aus, wenn man ihn zum Blühen und zur Samenreife kommen lässt. Wer den vitaminhaltigen Salat gern isst, kann sich damit etwas Arbeit sparen, denn es tauchen jährlich wieder junge Pflänzchen auf, die geerntet werden wollen.

Die fleischigen Blätter muss man schnell und frisch verbrauchen, sie werden sonst welk. Wegen ihrer interessanten Form empfehlen sie sich als Beimischung zu anderen Blattsalaten; wer viel Winterpostelein anbaut, kann auch einen kompletten Salat daraus zubereiten. Weil die Blätter in der Salatsoße allerdings schnell glasig werden und dann nicht mehr gut aussehen, bringen Sie die Blätter am besten nicht angemacht auf den Tisch und reichen Vinaigrette separat dazu.

Winterpostelein liefert mitten im Winter Grünes für den Salatteller. (Foto: Floramedia.de)

Steckbrief Winterpostelein

- Pflanzenfamilie:
  Portulakgewächs, einjährig
- Herkunft:
  Nordamerika
- Aussaat:
  August–September im Freiland
- Kulturansprüche:
  Sonnig, warm; nährstoffreicher, eher sandiger Gartenboden; sonniger, warmer Platz
- Ernte:
  Blätter samt Stiel mit Schere abschneiden
- Verwendung:
  Frisch für Salate, schnell verbrauchen
- Empfehlenswerte Sorten:
  Keine
- Für Kübel und Kästen:
  Geeignet

Zuckerhut verträgt ein paar Frostgrade und sichert die Salatversorgung bis lange nach Weihnachten.

Zuckerhut, Fleischkraut

Zuckerhut ist eine Blatt-Zichorie (*Cichorium intybus* var. *foliosum*), verwandt mit Wegewarte, Chicorée und Radicchio. Ihnen allen eigen ist der bittere Geschmack, für den der Bitterstoff Lactucopikrin (Intybin) verantwortlich ist. Gerade der Bitterstoffgehalt ist es, der das Gemüse zu einer wertvollen Diätkost macht.

In Österreich, Süddeutschland und in der Schweiz ist der Zichoriensalat Zuckerhut beliebt. In anderen Regionen kennt man ihn dagegen kaum. Der Sortenname deutet auf die Wuchsform hin; das Salatgemüse bildet tatsächlich spitz zulaufende Köpfe aus, die dem Zuckerhut für die Feuerzangenbowle ähneln. Die Köpfe mit den breiten Blättern, die sich tütenförmig umschließen, werden bis 50 cm hoch.

Zuckerhut ist ein wichtiges Gemüse für Spätherbst und frühen Winter. Er wird ab Mitte Juni bis Mitte Juli breitwürfig auf Beete im Garten gesät und bis zum Keimen feucht gehalten. Zuckerhut bildet eine kurze Pfahlwurzel aus und verträgt ein spätes Verpflanzen nicht so gut. Am besten ist es, wenn man zu eng stehende Jungpflanzen auf dem Saatbeet vereinzelt und sie an eine andere Stelle setzt. Es kann aber ein paar Tage dauern, bis die Pflanzen einwurzeln und sich die jungen Blätter aufrichten. Nach dieser Jungpflanzenphase wächst Zuckerhut problemlos weiter, wenn er feucht gehalten wird. Geerntet wird ab Ende September. Die Salatköpfe können lange draußen auf dem Beet bleiben, denn sie vertragen Frost bis ca. –4 °C. Zuckerhut ist somit frosthärter als Endiviensalat, der nur etwa –2 °C verträgt. Wenn man die Pflanzen abdeckt, überstehen sie sogar tieferen Frost und können bis in den Januar hinein geerntet werden. Wenn längere Frostphasen angekündigt sind, sollten Sie Zuckerhut auf Vorrat ernten: In einem kühlen Lagerraum halten sich die Zuckerhutköpfe – fest in Zeitungspapier eingewickelt – mehrere Monate lang bis ins Frühjahr.

Steckbrief Zuckerhut

- Pflanzenfamilie:
  Korbblütler, einjährig
- Herkunft:
  Kulturpflanze
- Aussaat/Pflanzung:
  Ab Mitte Juni–Juli; verpflanzen im August
- Kulturansprüche:
  Nahrhafter Boden, bei Trockenheit wässern
- Ernte:
  Ganze Köpfe, lässt sich im Winter gut lagern
- Verwendung:
  Frisch für Blattsalate
- Empfehlenswerte Sorten:
  Verschiedene Lokalsorten
- Für Kübel und Kästen:
  Bedingt geeignet

Kohlgemüse

(Foto: Floramedia.de)

Unsere heutigen kultivierten Kohlgewächse stammen von wildem Blattkohl der Meeresküsten oder aus dem Mittelmeerraum ab. Viele Generationen von Gärtnern haben sich mit der Gemüsegruppe beschäftigt und durch Auslese unzählige regionale Spielarten gezüchtet. Viele davon sind wieder verschwunden, einige machen nach einer Phase des Vergessenseins aber erneut Karriere.

Generell kann man zwischen Kopfkohl- und Blattkohlarten unterscheiden. Die Kopfkohlarten Weißkraut (Weißkohl), Blaukraut (Rotkohl) und Wirsing sowie Rosenkohl beziehungsweise Kohlsprossen gehören zum Standardprogramm in den Gemüseläden und sollen hier nicht berücksichtigt werden.

Allen Kohlarten gemeinsam ist ihr hoher Nährstoff- und Wasserbedarf. Wenn zu wenige Nährstoffe zur Verfügung stehen, bleibt Kohl mickrig und die älteren Blätter vergilben. In Trockenphasen muss man Kohlgemüse reichlich mit Wasser versorgen. Erfahrungsgemäß wächst Kohl im Frühherbst, wenn es wieder regnet, erst richtig weiter.

Trockenheit ist oft auch der Grund für Schädlingsbefall, der vielen Gartenbesitzern Probleme bereitet. Wer Kohl anbaut, hat es vor allem mit Weißer Fliege (Kohlmotten-Schildlaus) und Kohlweißlingsraupen zu tun. Auch andere Schmetterlingsraupen, zum Beispiel die Kohleule, fressen an Kohl, und einigen Schaden kann auch die Kohlfliege anrichten. Legen Sie gleich nach der Pflanzung oder dem Auflaufen von Kohlgemüse ein feinmaschiges Kulturschutznetz auf. Das Netz muss gut befestigt werden und ganz flach am Boden aufliegen, dann finden die Schädlinge kein Schlupfloch.

Tipp

Bauen Sie Kopfkohl und anderes Kohlgemüse nur dann an, wenn die Standortverhältnisse optimal sind und Sie dem Gemüse nährstoffreichen, humosen Boden und regelmäßige Wasserversorgung anbieten können.

Butterkohl

Butterkohl (*Brassica oleracea* var. *sabauda*) ist eines der fast vergessenen Gemüse, die früher regional einige Bedeutung hatten. Er ist ein Abkömmling des Wirsings, seine Blätter sind jedoch weniger gekräuselt. Die Blätter sind hellgrün bis gelbgrün gefärbt und sie schmecken zarter als die Wirsingblätter.

Säen Sie Butterkohl zunächst wie die anderen Kohlgemüse auf ein Saatbeet oder kultivieren Sie in Saatgefäßen vor. Kräftige Jungpflanzen werden im Abstand von etwa 50 x 50 cm ausgepflanzt. Ab Juli bis zum Frühwinter können Sie ernten. Butterkohl verträgt etwas Frost, ist aber nicht so frosthart wie Grünkohl.

Butterkohl schmeckt in Wein gedünstet als eigenständiges Gericht oder als Beilage, außerdem gehobelt oder in Streifen geschnitten als Salat.

Steckbrief Butterkohl

- Pflanzenfamilie:
  Kreuzblütler, ein- bis zweijährig
- Herkunft:
  Verwandt mit Wirsing
- Aussaat/Pflanzung:
  März–April/Mai–Juni
- Kulturansprüche:
  Nährstoffreich, feucht
- Ernte:
  Ab Juli bis zum Winter
- Verwendung:
  Blätter einzeln oder als Kopf, roh oder gedünstet
- Empfehlenswerte Sorten:
  'Zarter gelber Butter'
- Für Kübel und Kästen:
  Bedingt geeignet

Grünkohl

Grünkohl, auch als Federkohl bekannt (*Brassica oleracea* var. *sabellica*), ist sehr gesund und hätte in vielen Gärten und bei geeigneten Bedingungen einen Ehrenplatz verdient. Als großer Vorzug ist seine Kältetoleranz zu nennen, die es uns ermöglicht, den ganzen Winter über von diesem leckeren Gemüse zu ernten. Grünkohl liefert frische Blätter für die Küche, wenn sonst kaum Grünzeug da ist. Der Anbau hat aber auch noch einen anderen Aspekt: Der Garten bleibt mit Grünkohl auch im Winter attraktiv und ist lebendig anzuschauen. Um den optischen Einfluss noch zu verstärken, bieten sich zum Beispiel die rotblättrigen, bäumchenartig wachsenden Sorten 'Toskanischer Palmkohl' oder 'Redbor' an. Als Regionalsorten sind 'Hoher Roter Krauser' oder 'Ostfriesische Palme' von Bedeutung. Je nach Sorte werden die Pflanzen 80–180 cm hoch.

Üblicherweise sät man Grünkohl von Mitte Mai bis Ende Juni auf Anzuchtbeete und verpflanzt bis Anfang August im Abstand von 50 cm. Grünkohl entwickelt sich erst im Spätsommer und Herbst so richtig gut, wenn es nach der Sommertrockenheit wieder mehr regnet. Für üppigen Wuchs braucht das Gemüse reichlich Nährstoffe.

Ab dem Spätherbst, nach dem ersten Frost, ist Erntezeit. Ernten Sie dabei die Blätter von unten nach oben. Das Gemüse überwintert auf dem Beet; bei sehr tiefen, lang anhaltenden Kahlfrösten kann es allerdings auch mal Ausfälle geben.

Grünkohlsorten sind unterschiedlich frostempfindlich. Die Blätter verlieren durch das Einwirken von Frost viel von ihrer Bitterkeit und werden dann erst richtig genießbar.

Grünkohlblätter muss man sehr gründlich waschen, um Sand aus den Kräuselungen der Blätter zu entfernen. Beim Waschen und Vorbereiten der Blätter zum Kochen sollten Sie außerdem auf die Weiße Fliege und auf Kohlweißlingsraupen achten und befallene Stellen wegschneiden, sonst könnte Ihnen der Appetit auf das gesunde Blattgemüse schnell vergehen.

Hier wächst frostharter Grünkohl zur Ernte im Spätherbst und Winter heran.

Spitzkraut mit seinem feinen, milden Geschmack hat es in die Spitzengastronomie geschafft.

Meerkohl ist ein Frühjahrsgemüse, von dem man die Sprosse und die jungen Blätter isst.

Grünkohl wirkt durch seine bäumchenartige Gestalt; hier die Sorte "Redbor".

Grünkohlblätter werden in wenig Wasser gedünstet und dann für Aufläufe oder Füllungen genommen. Auch als Beilagengemüse schmeckt er lecker. Auf diese Weise mit wenig Fett zubereitet ist das Gemüse gut verdaulich. Der etwas herbe, leicht bittere Geschmack lässt sich übrigens durch gehackte Nüsse abmildern.

Ernten Sie vom Grünkohl nach und nach die Blätter und lassen Sie den Strunk stehen. Aus den Blattachseln treiben im Frühjahr neue Sprosse, die roh gegessen werden können.

Steckbrief Grünkohl

- Pflanzenfamilie:
  Kreuzblütler, zweijährig
- Herkunft:
  Von wildem Kohl aus dem Mittelmeerraum abstammend
- Aussaat/Pflanzung:
  Mitte Mai bis Ende Juli; Pflanzung bis Anfang August
- Kulturansprüche:
  Nährstoffreicher, feuchter Boden
- Ernte:
  Ab Spätherbst, über Winter
- Verwendung:
  Blätter und Achselsprosse roh oder gedünstet
- Empfehlenswerte Sorten:
  'Halbhoher grüner Krauser', 'Lerchenzungen', 'Ostfriesische Palme', 'Toskanischer Palmkohl', 'Westerländer Winter'
- Für Kübel und Kästen:
  Bedingt geeignet

Meerkohl, Strandkohl

Küsten-Meerkohl (*Crambe maritima*) ist, wie der Name vermuten lässt, eine Pflanze der Meeresküsten und wächst wild an Nord- und Ostsee und an der Atlantikküste. Vor allem in England kennt und schätzt man das Vitamin-C-reiche Gemüse als gesunde Frühjahrskost und baut es in den Gärten an. Der Anbau ist jedoch auch abseits der Küsten im Landesinneren einen Versuch wert. Meerkohl bildet blaugrau bereifte Blätter aus und entwickelt sich zu bis etwa 75 cm großen Pflanzen; er blüht weiß. Er ist sehr dekorativ und passt durchaus auch ins Zierpflanzenbeet.

Geerntet werden die gebleichten Sprosse und die Blätter, die wie Spargel schmecken. In England ist es üblich, das Gemüse zu verfrühen und zu bleichen, dazu stülpt man sehr bald im Frühjahr Eimer oder Tontöpfe über die Pflanzen. Zu Beginn der Blütezeit werden die Triebe bitter und sind dann kaum noch genießbar. Die nach Meerrettich schmeckenden Wurzeln lassen sich ebenfalls nutzen.

Meerkohl lässt sich zwar durch Aussaat im Frühjahr anziehen, aber es ist sicher einfacher, die Pflanzen zu kaufen, zumal man nur wenige Exemplare braucht. Das ausdauernde Wildgemüse begnügt sich mit magerem, sandigem Boden, wächst jedoch auf nährstoffreichem, gedüngtem Gartenboden kräftiger heran. Dem natürlichen Standort entsprechend entwickelt sich das Gemüse in feuchter Luft und auf salzhaltigem Boden am besten.

Steckbrief Meerkohl

- Pflanzenfamilie:
  Kreuzblütler, ausdauernd
- Herkunft:
  Meeresküsten Nord- und Ostsee, Atlantik
- Aussaat/Pflanzung:
  Frühjahr
- Kulturansprüche:
  Anspruchslos, salzverträglich
- Ernte:
  Frühjahr
- Verwendung:
  Sprosse, junge Blätter vor der Blüte, Wurzeln
- Empfehlenswerte Sorten:
  Nur die Art
- Für Kübel und Kästen:
  Nicht geeignet

Spitzkraut, Filderkraut

Das Filder-Spitzkraut (*Brassica oleracea* var. *capitata*) ist eine Spezialität der Filderebene südlich von Stuttgart. Früher gab es in Mitteleuropa mehr Lokalsorten mit einer spitzkegeligen Form, die jedoch so gut wie alle verschwunden sind.

Spitzkraut wird im März und April auf Saatbeeten vorgezogen und nach etwa 3–4 Wochen in Reihen auf Beete gepflanzt. Kalkulieren Sie den großen Platzbedarf des Kohlgemüses ein und pflanzen Sie im Abstand von 60 x 60 cm. Während des Wachstums muss immer gut durchgehackt und reichlich gegossen werden.

Ernten Sie Spitzkraut erst im Oktober und November, denn das Kohlgemüse legt im Herbst noch richtig zu. Die Krautköpfe sind sehr gut lagerfähig. Man erntet sie mit der Wurzel und hängt sie dann kopfüber auf. Die äußeren Blätter schrumpeln und vertrocknen etwas; sie bilden während der Lagerung einen schützenden Mantel um die Köpfe. Darunter bleiben die kompakt gelagerten Blätter frisch.

Spitzkraut lässt sich sehr gut zu Krautsalat zubereiten. Dazu wird er entweder mit scharfem Messer oder mit einem speziellen Krauthobel in feinste Streifchen geschnitten. Mit Salz und Weißweinessig gewürzt hält sich der Salat mindestens eine Woche lang im Kühlschrank. Gedünstetes Spitzkraut ist ein hervorragendes Wintergemüse. Die großen Blätter eignen sich zudem für Krautwickel. Und das Allerbeste vom Spitzkraut ist Sauerkraut, das milchsauer vergorene Kraut – richtige Gesundkost, reich an Vitamin C und mit verdauungsanregender Wirkung.

Steckbrief Filderkraut

- Pflanzenfamilie:
  Kreuzblütler, zweijährig
- Herkunft:
  Mittelmeerraum
- Aussaat/Pflanzung:
  März–April/April–Mai
- Kulturansprüche:
  Nährstoffreicher, humoser, feuchter Boden
- Ernte:
  Spätherbst
- Verwendung:
  Roh, gedünstet, milchsauer vergoren
- Empfehlenswerte Sorten:
  Lokale Herkünfte
- Für Kübel und Kästen:
  Nicht geeignet

Wurzelgemüse

(Foto: Marmel/fotolia.com)

Wurzelgemüsearten gehören botanisch gesehen hauptsächlich zu den Pflanzenfamilien der Korbblütler, Doldenblütler und Kreuzblütler und sind eigentlich die Basis unserer Gemüseküche. Und ein Gemüsegarten ohne Möhren und Rettich ist ja wirklich kaum denkbar.

Wurzelgemüse besitzt viele Vorzüge: Es lässt sich leicht kultivieren, beim Ernten ist man nicht unter Termindruck und es lässt sich lange lagern, einige Arten sogar den ganzen Winter über. Für alle, die sich das ganze Jahr über mit frischem Gemüse versorgen wollen, sind die Wurzelgemüse ideal.

Kulinarisch haben die Wurzelgemüse ebenfalls viel zu bieten: so viele Geschmacksrichtungen und Konsistenzen, so viel Wohlgeschmack, der in rohen oder gekochten Salaten, in Suppen und Aufläufen oder einfach in schlicht gedünstetem Gemüse zur Geltung kommt.

Und nicht zu vergessen der gesundheitliche Wert. Wurzelgemüse zeichnen sich durch hohe Mineralstoffgehalte aus. Sekundäre Inhaltsstoffe wie Senfölglucosinolate in Meerrettich und Rettich oder Carotine in Möhren machen manche Arten fast schon zu richtiger Medizin.

Was es mit dem Schossen auf sich hat

Ältere Wurzelgemüsesorten, aber auch Blattgemüse, Kohlgemüse und Zwiebelgewächse reagieren auf die Tageslänge. Sie bilden ihre Rüben (Rettich) beziehungsweise Knollen (Mairübchen) an kurzen Tagen im Frühjahr und dann wieder im Spätsommer und Herbst aus. Bei Aussaat im Sommer an langen Tagen überspringen sie diese Rüben- beziehungsweise Knollenbildungsphase und gehen in die Blühphase über. Die Wurzeln werden dann hart und strunkig und sind kaum noch zu verwerten. Bei Gemüse, von dem man ja gerade Rüben und Knollen ernten möchte, ist diese Eigenschaft nicht erwünscht.

Bei älteren Sorten der Gemüseraritäten muss man also sehr auf ihre Anbaueignung für eine bestimmte Jahreszeit achten. Wer sich nicht daran hält, hat den Misserfolg vorprogrammiert. Neuere Züchtungen sind dagegen schossfester, das heißt, sie gehen erst spät in Blüte. Solche schossfesten Sorten von Rettich kann man auch im Sommer säen und normal ausgebildete Rüben oder Knollen ernten.

Die Neigung zum Schossen besteht auch bei Kälteeinwirkung im Frühjahr, vor allem bei Rettich und Rote Bete, aber auch bei der Küchenzwiebel. Säen beziehungsweise stecken Sie deshalb diese Gemüse nicht zu früh, warten Sie im Zweifel lieber noch etwas ab.

Haferwurzel ist ein uraltes Gemüse und blühend sehr attraktiv. (Foto: Floramedia.de)

Haferwurzel

Die Haferwurzel (*Tragopogon porrifolius*) ähnelt in ihrer Pflanzengestalt der Schwarzwurzel. Allerdings sind die Blätter fast grasartig schmal. Das Gemüse bildet 20–25 cm lange und etwa 2,5 cm dicke, weiße Wurzeln aus. Als Zweijährige kommt die Haferwurzel erst im Jahr nach der Aussaat zur Blüte. Zu ihrem Namen kam sie übrigens, weil ihre Samenkörner so ähnlich wie Haferkörner geformt sind.

Wie die Schwarzwurzel braucht die Haferwurzel einen tiefgründigen Boden. Gesät wird in Reihen im Abstand von 25–30 cm; bei zu dichtem Aufgang auf 5–6 cm vereinzeln. Geerntet wird im Spätherbst möglichst spät. Bei kühler, feuchter Lagerung (wie Möhren) hält sie sich einige Monate.

Der Geschmack der Haferwurzel liegt zwischen Spargel und Schwarzwurzel. Beim Dünsten entströmt dem Gemüse ein leichter Austernhauch. In England, wo die Haferwurzel viel häufiger angebaut wird als bei uns, wird sie deshalb auch als „Gemüseauster" bezeichnet.

Steckbrief Haferwurzel

- Pflanzenfamilie:
  Korbblütler, zweijährig
- Herkunft:
  Europa
- Aussaat:
  April–Mai
- Kulturansprüche:
  Tiefgründiger Boden
- Ernte:
  Spätherbst
- Verwendung:
  Wurzeln geschält und gedünstet
- Empfehlenswerte Sorten:
  Verschiedene Herkünfte
- Für Kübel und Kästen:
  Nicht geeignet

Kerbelrübe, Knolliger Kälberkropf

Die Kerbelrübe oder der Knollige Kälberkropf (*Chaerophyllum bulbosum*) gehört zur großen Familie der Doldenblütler. Es ist eine bis 2 m hoch wachsende Pflanze mit rötlich gezeichnetem Stängel, die stark dem Schierling ähnelt. Man findet sie verbreitet an Weg- und Waldrändern. Andere Arten der Gattung wachsen in Mitteleuropa wild; sehr verbreitet ist beispielsweise auch der Taumel-Kälberkropf (*Chaerophyllum temulum*). Bei der Kerbelrübe ist der untere Teil des Stängels knollenartig verdickt und deshalb im botanischen Sinn eigentlich gar keine „Rübe". Im 19. Jahrhundert war die Kerbelrübe als Gemüse beliebt, heute wird sie nur noch von Liebhabern kultiviert. (siehe Bild S. 3)

Die Kerbelrübe ist aus Kulturen in die freie Landschaft hinaus verwildert.

Gesät wird im Spätherbst, die Pflanzen keimen jedoch erst im Frühjahr. Ab Juli, wenn das Laub der Pflanze vergilbt und sie einzieht, wird die Knolle, die etwa 10 cm lang und 3–6 cm dick werden kann, geerntet. Die Knollen der Kerbelrübe werden wie Kartoffeln gedämpft oder gedünstet. Sie sind nach der Zubereitung mehlig und schmecken süß.

Steckbrief Kerbelrübe

- Pflanzenfamilie:
  Doldenblütler, zweijährig bis mehrjährig
- Herkunft:
  Europa, Wildpflanze
- Aussaat:
  Herbst oder Februar–März
- Kulturansprüche:
  Anspruchslos
- Ernte:
  Ab Juli
- Verwendung:
  Knolle roh oder gedünstet
- Sorten:
  Verschiedene Herkünfte
- Für Kübel und Kästen:
  Nicht geeignet

Knollen-Ziest

Ziestarten gehören zur Familie der Lippenblütler. Etliche davon wachsen in Mitteleuropa wild, zum Beispiel der Echte Ziest (*Stachys officinalis*) oder der Wald-Ziest (*Stachys sylvatica*). Der Woll-Ziest (*Stachys byzantina*) mit seinen silbrig behaarten Blättern ist eine beliebte Zierstaude.

Knollen-Ziest (*Stachys affinis*) stammt aus China und wird dort und in Japan angebaut. Gegen Ende des 19. Jahrhunderts wurde er in Europa eingeführt; die Engländer gaben ihm den Namen „Chinesische Artischocke". In Europa konnte sich das Gemüse nicht etablieren. Es blieb eine Rarität, die allenfalls noch in Frankreich als „Crosne" bekannt ist.

Knollen-Ziest bildet unterirdische Ausläufer, die sich in gewissen Abständen knollig verdicken, sodass perlschnurartige Gebilde entstehen. Wenn man die Staude einfach wachsen lässt, bedeckt sie im Lauf der Jahre eine größere Fläche. Knollen-Ziest ist also nichts für die Reihenkultur auf dem Gemüsebeet. Pflanzen Sie ihn an einen separaten Platz am Rand des Gemüsegartens, mit etwas Abstand zu den Nachbarpflanzen, damit er nicht in deren Bestände hineinwachsen kann. Die aufrechten, etwa 50 cm hohen vierkantigen Stängel

Die winzigen Knöllchen des Knollen-Ziests schmecken leicht nach Artischocke.

tragen runzlige Blätter und winzige blauviolette Blüten. Beim Verreiben entströmt den Blättern der typische Ziestgeruch.

Ernten Sie die Knöllchen im Lauf des Winters immer frisch aus dem Garten. Sie lassen sich nicht lagern und verschrumpeln innerhalb kürzester Zeit. Die sauber abgebürsteten Knöllchen schmecken roh, gedünstet oder frittiert – eine Delikatesse mit leichtem Artischockengeschmack.

Steckbrief Knollen-Ziest

- Pflanzenfamilie:
  Lippenblütler, ausdauernd
- Herkunft:
  Nord- und Zentralchina
- Pflanzung:
  Frühjahr oder Herbst
- Kulturansprüche:
  Anspruchslos, lockerer, nährstoffreicher Boden
- Ernte:
  Spätherbst bis Frühjahr
- Verwendung:
  Knollen roh oder gedünstet
- Empfehlenswerte Sorten:
  Verschiedene Herkünfte
- Für Kübel und Kästen:
  Bedingt geeignet

Meerrettich, Kren

Der ursprünglich aus Russland stammende Gewöhnliche Meerrettich (*Armoracia rusticana*) wird in Mitteleuropa seit dem Mittelalter kultiviert und ist von Äckern und Gärten aus verwildert. Er hat sich vor allem an feuchten Standorten mit nährstoffreichem Boden, vorzugsweise in Flusstälern, ausgebreitet.

Meerrettich ist eine Dauerkultur. Sandige, feuchte Böden bieten ideale Bedingungen für die Kultur. Dann können die Wurzeln zu langen geraden „Stangen" heranwachsen. Die Profis machen es so: Sie legen nach dem Pflanzen der „Fechser", der Jungpflanzen, die Stangen mehrmals im Jahr frei und entfernen dabei die Seitenwurzeln, die anschließend wieder mit Erde abgedeckt werden. Bei der Kultur im Garten macht man sich diese Mühe kaum und nimmt den Meerrettich einfach so,

Die Meerrettichwurzeln werden gesäubert und dann fein gerieben.

wie er wächst. Doch Vorsicht, er neigt zum Verwildern! Geben Sie ihm einen separaten Platz am Rand des Gemüsegartens.

Meerrettichstangen werden mithilfe des Spatens nach Bedarf im Lauf des Winters geerntet. Bürsten und schälen Sie die Stangen, bevor sie auf einer feinen Küchenreibe gerieben werden.

Dass frisch geriebener Meerrettich einem das Wasser in die Augen treibt, liegt daran, dass beim Reiben die scharfen Senföle freigesetzt werden. Das Wurzelgemüse riecht deshalb scharf und schmeckt auch so. Der geriebene Meerrettich sollte gleich mit Zitronensaft beträufelt oder weiterverarbeitet werden, damit er nicht braun wird. Eine Meerrettichstange, die man nicht gleich verbrauchen kann, stellt man in ein Glas mit Wasser. Dann hält sie sich im Kühlschrank tage- bis wochenlang frisch.

Der geriebene Meerrettich dient als scharfe Würze für Suppen und Soßen, für Sahnemeerrettich, für Brotaufstriche und zum Einmachen von Gemüse.

Meerrettich ist ein typisches Wintergemüse. Die Wurzeln, die sogenannten „Stangen", werden nur im Winter, in den Monaten mit einem „r", geerntet, also von September bis April.

Meerrettich schmeckt nicht nur gut, sondern ist auch ausgesprochen gesund. Die Glucosinolate (Senföle) wirken als eine Art pflanzliches Antibiotikum effektiv gegen Bakterien, speziell bei Erkältungskrankheiten und bei Blasenkatarrh. Außerdem regt Meerrettich die Ausscheidungsorgane an: Nach Meerrettichgenuss steigt die Harnmenge! Von dem hoch wirksamen Gemüse sollte man also nicht zu viel zu sich nehmen und nicht mehr als 20 g der frischen Wurzel am Tag verzehren.

Steckbrief Meerrettich

- Pflanzenfamilie:
  Kreuzblütler, ausdauernd
- Herkunft:
  Russland
- Pflanzung:
  Herbst oder Frühjahr
- Kulturansprüche:
  Feuchter, nährstoffreicher Boden
- Ernte:
  Im Winterhalbjahr, in den Monaten mit „r"
- Verwendung:
  Wurzeln, roh, gerieben für Soßen
- Empfehlenswerte Sorten:
  Nur Herkünfte
- Für Kübel und Kästen:
  Nicht geeignet

Pastinake, Gemüse-Pastinak, Hammelmöhre

Die Pastinake oder der Gemüse-Pastinak (*Pastinaca sativa* subsp. *sativa* var. *sativa*) ist eine alte Kulturpflanze, die seit dem 15. Jahrhundert angebaut wird und sich aus dem wild wachsenden Wiesen-Pastinak (*Pastinaca sativa* subsp. *sativa* var. *pratensis*) entwickelt hat. Man findet die Wildform häufig auf Wiesen, an Wegrändern und sonnigen Böschungen, an Straßenrändern, auf Bahndämmen und auf Steinbruchgelände.

Möhre und Kartoffel haben den Gemüse-Pastinak fast ganz von den Speisezetteln verdrängt. In der heutigen Küchenpraxis spielt er deshalb kaum eine Rolle, allenfalls als Suppengemüse und in der Gourmetszene. Das ist

Pastinaken: Nahrhaftes Wurzelgemüse mit Massenertrag. (Foto: TwilightArtPictures/fotolia.com)

schade, denn das Gemüse nährt nicht nur, sondern heilt auch mit einem ganzen Cocktail von sekundären Pflanzeninhaltsstoffen; es wirkt verdauungsfördernd und harntreibend und ist deswegen Heilkost bei Nieren- und Blasenbeschwerden.

Falls Sie auf die Idee kommen sollten, die Wurzeln des Wiesen-Pastinaks auszugraben, wären Sie enttäuscht. Mit den dünnen, verwachsenen Rüben könnten Sie kaum etwas anfangen. Die Kulturform jedoch bringt auf bearbeitetem, tiefgründigem, nährstoffreichem Boden sehr gute Ernten! Die Samenhändler haben meistens die Sorte 'Halblange weiße' oder 'Aromata' im Sortiment. Bei speziellen Anbietern bekommen Sie weitere, vor allem englische Sorten.

Säen Sie Gemüse-Pastinak wie Möhren von März bis Mai in Reihen auf Gartenbeete. Der Reihenabstand sollte 40–60 cm betragen, in der Reihe vereinzelt man auf 10–15 cm. Während der langen Entwicklungsphase bis zum Spätherbst sollte die Kultur immer wieder durchgehackt werden, vor allem nach Regengüssen, wenn der Boden verkrustet ist. Der Gemüse-Pastinak bildet schön geformte, gefiederte Laubblätter aus. Die kegelförmige Wurzel ähnelt der Petersilienwurzel; sie ist jedoch eher cremefarben, wird größer (bis ca. 30 cm lang) und ist am Kopf dicker. Eine einzelne Wurzel kann bis 1,5 kg wiegen. Einzelne Exemplare bringen sogar noch mehr auf die Waage.

Am besten ist es, wenn die Wurzeln bis zum Verbrauchen an Ort und Stelle im Boden bleiben, denn an trockener Luft schrumpeln sie schnell. Decken Sie die Gemüsereihen zum Schutz vor tiefem Frost mit Vlies oder Säcken ab und achten Sie darauf, dass die Mäuse nicht in die Bestände eindringen. Alternativ können Sie Pastinaken auch gut in Erdmieten (vor Mäusen schützen) draußen lagern.

Das auf dem Gartenbeet überwinternde Gemüse kommt im zweiten Jahr zur Blüte. Die gelblichen Blütendolden erscheinen dann im Sommer. Lassen Sie wenigstens an einer Pflanze die sehr aromatischen Samen ausreifen, die Suppen und Soßen oder eingemachten Gurken einen würzig aromatischen Geschmack geben.

In der Küche wird die Pastinake so wie die Möhre und die Petersilienwurzel verarbeitet: roh oder gedünstet, in Scheiben geschnitten, geraffelt oder gestiftelt. Das geschmackvolle Gemüse passt in Rohkostsalate, in Suppen und Aufläufe, und es lässt sich halb weich gegart in Bierteig ausbacken. Der Geschmack liegt zwischen Möhren und Sellerie mit süßlichem Beiklang.

Pastinaken-Möhren-Kuchen

für 1 Springform (24 cm Durchmesser)

Für den Teig:
50 g Butter
200 g Mehl
½ TL Backpulver
1 Ei
3 EL saure Sahne
etwas Salz

Für den Belag:
1 mittelgroße Möhre
1 mittelgroße Pastinake
100 g geriebener Emmentaler oder Greyerzer
2 Eier
eine Handvoll Hefeflocken
100 g saure Sahne
2–3 Knoblauchzehen, fein gehackt (nach Geschmack)
einige Haselnüsse, fein gehackt
Salz, Pfeffer

Alle Zutaten für den Teig miteinander verkneten, danach etwa 30 Minuten ruhen lassen. In der Zwischenzeit die Pastinake und die Möhre putzen und raffeln. Gemüse und die übrigen Zutaten für den Belag vermischen. Eine Springform leicht einfetten, mit dem Teig belegen und den Teigrand mit den Fingern ca. 3 cm hochdrücken. Den Teigboden mehrmals mit einer Gabel einstechen. Die Gemüse-Ei-Käse-Masse darauf verteilen. Mit geriebenem Käse bestreuen. Im Backofen bei ca. 220 °C etwa 30 Minuten backen, bis der Belag leicht gebräunt ist.

Steckbrief Pastinake

- Pflanzenfamilie:
  Doldenblütler, zweijährig
- Herkunft:
  Europa
- Aussaat:
  März–Anfang Juni (frisches Saatgut verwenden)
- Kulturansprüche:
  Humoser, lockerer, nährstoffreicher Lehmboden
- Ernte:
  Ab Spätherbst und über Winter
- Verwendung:
  Rübe roh oder gedünstet; Samen zum Würzen
- Empfehlenswerte Sorten:
  'Aromata': Neuzüchtung, feiner Geschmack; 'Halblange weiße', 'Hollow Crown', 'Tender and True'
- Für Kübel und Kästen:
  Nicht geeignet

Rettich

Raphanus sativus var. *niger* und *R. s.* var. *sativus*, zu Deutsch der Rettich, ist eine sehr alte, in der Antike bekannte Kulturpflanze, die bereits die Römer über die Alpen brachten. Die Menschen schätzen Rettich als Nahrung und als Medizin, speziell bei Husten. Seine Heilwirkung beruht auf seinem hohen Gehalt an Senfölglycosiden.

Mit den richtigen Sorten können Sie sich das ganze Jahr über mit frischem Rettich versorgen: Die Saison beginnt im Frühbeet und Kleingewächshaus mit frühen, halblangen Sorten wie

'Ostergruß' oder der raschwüchsigen 'Rex'. Im Sommer sorgen 'Münchner Bier' oder 'Neckarruhm' für Rettichgenuss. Die lagerfähigen Herbst- und Winterrettiche wie zum Beispiel 'Runder schwarzer Winter' werden im Juni und Juli gesät und bleiben bis zur Ernte im Spätherbst auf dem Beet stehen. Wer während der gesamten Saison Rettich ernten möchte, sollte das Gemüse in Sätzen, also etwa alle drei Wochen in kleinen Partien säen und nicht eine ganze Samentüte auf einmal verbrauchen. Die Sorten unterscheiden sich auch durch die verschiedenfarbige Korkschicht, die schwarz, grau, braun, rot oder gelb sein kann.

Rettiche mögen einen feuchten Boden und gleichmäßige Wasserversorgung, sonst werden sie strunkig, holzig, pelzig und zudem unangenehm scharf. Dasselbe geschieht, wenn die Rettiche zu lange auf dem Beet stehen bleiben und anfangen zu „schießen", also Blütenstängel zu schieben.

Beim Rettich sollte man unbedingt die Fruchtfolge einhalten, um einen Befall mit der Rettichschwärze zu vermeiden. Deshalb sät man das Gemüse jedes Jahr an einer anderen Stelle aus. Gefährlich kann auch die Kohlfliege werden, deren Maden sich Gänge in den Rettichkörper bohren. Durch das Abdecken mit speziellen Kulturschutznetzen kann man das Gemüse aber vor dem Schädling schützen.

Am besten ist es, wenn Sie Rettiche immer frisch aus dem Garten holen. Ein paar Tage lang lassen sie sich eingehüllt in Plastik im Kühlschrank lagern. Damit die Rettiche knackig frisch bleiben, sollten Sie aber vorher das Laub abdrehen! Herbst- und Winterrettiche halten sich an einem kühlen Ort (Keller, Garage oder dergleichen) bis ins Frühjahr hinein.

Scharfer Rettich zur Brotzeit oder Jause ist ein Hochgenuss.

Steckbrief Rettich

- Pflanzenfamilie:
  Kreuzblütler, einjährig kultiviert
- Herkunft:
  Kulturpflanze
- Aussaat/Pflanzung:
  Ab April in Sätzen säen,
  Reihenabstand 20–40 cm
- Kulturansprüche:
  Feucht halten
- Ernte:
  Wurzel; zarte Laubblätter als Rohkost
- Verwendung:
  Roh, für Salat, süßsauer eingelegt
- Empfehlenswerte Sorten:
  Sommerrettiche: 'Brauner Fridolin', 'Hilds Roter Neckarruhm', 'Münchner Bier';
  Herbst- und Winterrettiche: 'Runder schwarzer Winter'
- Für Kübel und Kästen:
  Bedingt geeignet, da Pfahlwurzler

Die Rohnensorte 'Forono' bildet einen langen, zylindrischen Rübenkörper aus.

Rohnen, Rote Bete

Die Gemüseart Rote Bete (*Beta vulgaris* var. *vulgaris*) hat viele Namen. Im Österreichischen bezeichnet man sie als Rohnen, im süddeutschen Sprachraum als Rote Rübe. Die Schweizer sagen Randen dazu.

Rohnen zieren mit ihren dunkelgrün-purpurvioletten Blattschöpfen den ganzen Sommer lang das Beet -ein bildschönes Gemüse für dekorative Küchengärten!

Rote Bete bilden einen runden oder einen walzenförmigen Rübenkörper aus. Bekannt sind runde Sorten wie 'Moulin Rouge' oder 'Rote Kugel'. Die langen, zylindrisch geformten Rüben der Sorte 'Forono' lassen sich gut in Scheiben schneiden. Diese Sorte ist deshalb ideal fürs Zubereiten gekochter Salate, zum Eindünsten oder milchsauer Einlegen. Raritäten mit abweichender Farbe gibt es bei diesem Gemüse ebenfalls: die gelbfleischige 'Burpees Golden' oder 'Chioggia' mit weißen Ringen im Rübenkörper. Diese unterschiedliche Farbgebung kommt durch die unterschiedliche Pigmenteinlagerung in Bast- und Holzschicht der Rübe zustande.

Säen Sie Rote Bete ab etwa Mitte April bis Mitte Juli (je nach Klimalage und Witterung) mit einem Reihenabstand von 25–40 cm. Der Abstand in der Reihe kann 5–15 cm betragen. Bei Rohnen erscheinen immer mehrere Keimlinge nebeneinander, weil mehrere Samen in dem knäueligen Saatkorn stecken. Keimlinge und Jungpflanzen stehen also immer zu dicht, es sei denn, man sät speziell aufbereitetes einkeimiges Saatgut, wie es im Profianbau üblich ist.

Zu dicht stehende Pflänzchen muss man ausdünnen, um gleichmäßig große Rüben zu bekommen. Erfahrungsgemäß ist es am besten, im Lauf des Sommers aus dem Pulk dicht stehende kleine Rote Beten nach und nach einzeln herauszuziehen und diese als „Babybeats" in der Küche zu verbrauchen. Die verbliebenen Pflanzen füllen den frei werdenden Platz in der Reihe aus und wachsen bis zum Herbst zu großen Rüben heran.

Rohnen sind ein hervorragendes Lagergemüse. Sie bleiben bis September/Oktober auf dem Beet stehen. Ernten Sie die Rüben bei trockenem Wetter vor dem ersten Frost. Zum Einlagern schneidet man die Blattschöpfe einige Zentimeter oberhalb des Rübenkörpers ab, Erdreste verbleiben an den Rüben. Die Rüben kühl und feucht lagern, im Sandbett oder in abgedeckten Kisten oder Eimern; sie halten sich bis zum Frühjahr. Während des Lagerns schrumpeln sie aber immer mehr ein, und das erschwert das Schälen oder Abziehen der Haut. Roh lassen sie sich dann kaum noch zubereiten, da der Rübenkörper zu weich zum Reiben wird. Außerdem schmecken sie dann nicht mehr so gut.

Was tun mit alten Rohnen?

Lange gelagerte Rohnen am besten so verbrauchen: Ungeschält in einem Kartoffeldämpfer weich kochen. Anschließend noch heiß die Haut abziehen, in dünne Scheiben schneiden und eine Vinaigrette zugeben. Den Salat vor dem Servieren etwas durchziehen lassen.

Steckbrief Rohnen

- Pflanzenfamilie:
  Gänsefußgewächs
- Herkunft:
  Europa
- Aussaat/Pflanzung:
  April–Mai
- Kulturansprüche:
  Nährstoffreicher, tiefgründiger Boden, sonniger Stand
- Ernte:
  Ab Juli, vor dem Frost ernten
- Verwendung:
  Roh, gedünstet, milchsauer eingelegt
- Empfehlenswerte Sorten:
  'Ägyptische Plattrunde',
  'Chioggia': rot mit weißen Ringen;
  'Crapaudine': schwarze rissige Haut;
  'Forono': große Rüben, walzenförmig;
  'Rote Kugel': rund, schöne Form, gut für „Babybeats"
- Für Kübel und Kästen:
  Nicht geeignet

Schwarzwurzel, Garten-Schwarzwurzel

Die Garten-Schwarzwurzel (*Scorzonera hispanica*) hat den Ruf als „Spargel des armen Mannes". Diese Charakterisierung wird dem Gemüse jedoch nicht gerecht. Es braucht sich als Ersatzgemüse nicht zu verstecken, sondern besitzt einen eigenständigen kulinarischen Wert. Die außen schwarzbraunen Wurzeln mit dem reinweißen oder cremefarbenen Inneren besitzen einen unverwechselbaren feinen Geschmack.

Das ausdauernde Gemüse aus der Familie der Korbblütler ist mit dem einheimischen Wiesen-Bocksbart verwandt, ebenso mit der Haferwurzel. Es stammt aus Spanien und hat ab dem 17. Jahrhundert die Haferwurzel verdrängt.

Die Schwarzwurzel gedeiht am besten auf einem lockeren und tiefgründigen Boden, damit sich die 30–40 cm langen Wurzeln entwickeln können. Auf schwerem, steinigem Boden braucht man den Anbau gar nicht zu probieren.

Säen Sie Schwarzwurzeln im Frühjahr, so wie Möhren mit einem Reihenabstand von ca. 50 cm, sodass sich die Blätter im Verlauf des Wachstums gut ausbreiten können. Schwarzwurzeln bleiben den Winter über auf dem Beet stehen, dort können sie jederzeit geerntet werden, wenn der Boden nicht gefroren ist. Beim Ernten müssen Sie vorsichtig zu Werke gehen: Mit der Grabegabel sehr tief auf beiden Seiten einstechen und zunächst vorsichtig lockern. Dann sollten Sie die sehr langen Wurzeln möglichst vollständig herausziehen können.

Schwarzwurzeln lassen sich an der Luft nicht lagern, allenfalls in einem Einschlag oder in Sand. Wenn man die Wurzeln abbricht, tritt ein gelblich weißer Milchsaft aus. Das geschieht auch beim Putzen oder Schälen der Wurzeln. Der weiße, kautschukartige Milchsaft klebt an den Fingern und lässt sich nur sehr schwer entfernen. Deshalb putzt man Schwarzwurzeln am besten mit dünnen Einmalhandschuhen und unter fließendem Wasser oder in einer mit kaltem Wasser gefüllten Schüssel. Damit sich die geputzten Wurzeln nicht so schnell braun färben, legt man sie in Essigwasser ein.

Schwarzwurzeln werden üblicherweise in Wasser gedünstet. Sie schmecken aber auch roh als Salat zubereitet. Sie können Schwarzwurzeln auch mit der Schale dünsten und diese danach abziehen.

Steckbrief Schwarzwurzeln

- Pflanzenfamilie:
  Korbblütler, mehrjährig (ein- bis zweijährig kultiviert)
- Herkunft:
  Südeuropa
- Aussaat:
  März–April oder August für Überwinterungsanbau (Saatgut ist nur 1 Jahr lang keimfähig!)
- Kulturansprüche:
  Tiefgründiger, sandiger Boden
- Ernte:
  Ab Spätherbst und im Winter, auch zur Blütezeit
- Verwendung:
  Wurzeln roh oder gedünstet
- Empfehlenswerte Sorten:
  'Hoffmanns Schwarze Pfahl'
- Für Kübel und Kästen:
  Nicht geeignet

Schwarzwurzeln bleiben lange auf dem Beet.

Speiserübe: Mairübe, Herbstrübe und Stielmus

Die Speiserübe *Brassica rapa* subsp. *rapa* tritt in vielerlei Formen mit unterschiedlichen Anbauzeiträumen auf. Am bekanntesten ist die Mairübe für Frühjahrsanbau, die ebenso als Herbstrübe angebaut werden kann. Gemüsebauer unterscheiden zudem zwischen Herbstrüben, zu denen die bekannten 'Teltower Rübchen' gehören, und Stielmus, auch Rübstiel genannt. Wegen ihrer kurzen Kulturdauer werden Speiserüben häufig als Vorkultur im Frühjahr beziehungsweise als Nachkultur im Spätsommer eingeplant.

Mairüben nehmen es mit Radieschen an Schnelligkeit auf; sie sind bereits ab 4–5 Wochen nach der Aussaat erntereif. Bei Aussaat im März und April also bereits im Mai. Auch äußerlich ähneln sich die beiden Gemüse. Die schön geformten weißen oder rotköpfigen Rüben im Durchmesser von 5–6 cm sehen aus wie Radieschen im Großformat mit üppigem, ebenfalls essbarem Laub.

Aussaaten schossfester Sorten wie 'White Ball' sind vom Frühjahr bis Anfang August möglich. Frühjahrssorten können nach einer Anbaupause im Sommer in einem weiteren Satz im Spätsommer gesät und als Herbstrüben geerntet werden. Hübsch sehen rotköpfige Sorten wie 'Primera' oder die gelbfleischige Speiserübe 'Golden Ball' aus. 'Teltower Rübchen' werden üblicherweise als Herbstrüben kultiviert. Säen Sie im August mit einem Reihenabstand von 15–25 cm und vereinzeln Sie in der Reihe auf einen Abstand von 10–15 cm. Anders als die rundlichen Mairüben haben Teltower Rübchen eine längliche Rübenform und sehen aus wie kleine weiße Rettiche.

Speiserüben werden roh, gedünstet oder glaciert zubereitet, Herbstrüben kann man auch milchsauer vergären. Junge Rübchen braucht man nicht zu schälen, bei älteren kann es nötig sein. Durch ihren hohen Gehalt an Senfölen schmecken sie rettichartig beziehungsweise meerrettichartig scharf. Im Herbst geerntete Rüben lassen sich als Vorrat für den Winter einige Zeit lang kühl lagern.

Mairüben haben oft eine plattrunde Form: In Frankreich heißen sie „Navets".

Beim sogenannten Stielmus, einer regionalen Spezialität im Rheinland, handelt es sich um die gleiche Pflanzenart *Brassica rapa* subsp. *rapa*. Von ihm erntet man jedoch die Blätter beziehungsweise die ganzen Blattschöpfe, die direkt unter dem Blattansatz abgeschnitten und roh als Salat oder gedünstet zubereitet werden.

Bei den Mairübchen und den anderen Speiserüben kann der Erdfloh lästig werden. Das ist ein kleiner schwarzer Käfer, der Löcher in die Blätter frisst. Der Qualität der Rüben tut dies jedoch keinen Abbruch. Die Kohlfliege kann als weiterer häufiger Schädling ebenfalls Probleme machen.

Steckbrief Speiserübe

- Pflanzenfamilie:
  Kreuzblütler, einjährig
- Herkunft:
  Mittelmeerraum, Kleinasien
- Aussaat:
  März–April; schossfeste Sorten bis zum Herbst
- Kulturansprüche:
  Durchlässiger, sandiger Boden
- Ernte:
  Ab Mai–Juni, ab einem Rübendurchmesser von ca. 5 cm
- Verwendung:
  Roh wie Radieschen oder gedünstet wie Möhren
- Empfehlenswerte Sorten:
  Weiß- oder gelbfleischig, oft violettrot- oder grünköpfig
- Für Kübel und Kästen:
  Bedingt geeignet, wenn genügend tiefer Wurzelraum

Topinambur bringt interessant geformte Knollen.

Topinambur, Knollensonnenblume

Mit Topinambur (*Helianthus tuberosus*) steht für die Gemüseküche ein nahrhaftes, mineralstoffreiches Gemüse zur Verfügung, mit dem sich vollwertige Mahlzeiten zubereiten lassen. Es ist eigentlich schade, dass dieses Gemüse so wenig genutzt wird, denn es schmeckt gut und lässt sich ebenso vielseitig wie Möhren roh oder gekocht zubereiten. Zudem kann man die Knollen entsaften.

Das Gemüse ist nach dem Indianerstamm Topinambo benannt. Anfang des 17. Jahrhunderts gelangte es aus Amerika nach Europa. Seine Karriere verlief jedoch nicht so spektakulär wie die von Tomate und Kartoffel, die ebenfalls aus Amerika stammen. Als Gemüsepflanze konnte sich Topinambur nie so recht durchsetzen, obwohl er sich sehr leicht anbauen lässt. Dagegen hat er Bedeutung als Wildfutterpflanze: Förster und Jäger bauen das Knollengewächs gezielt auf Wildäsungsflächen als Futter für Wildschweine und Rehe an.

Topinambur wird vegetativ vermehrt, das heißt, man braucht nur die unregelmäßig geformten Knollen ins Erdreich zu legen, die im späten Frühjahr dann austreiben. Doch bitte seien Sie vorsichtig! Topinambur breitet sich kräftig aus, ja, er wuchert. Er sollte deshalb weit entfernt vom Gemüse in einer Gartenecke allein für sich stehen. Wenn man nicht genau hinschaut, könnte man die Pflanzen für hochwüchsige Stauden-Sonnenblumen halten.

Topinambur bringt Massenerträge. Die Knollen bleiben im Winter im Boden und können jederzeit geerntet werden. Leider fallen auch die Mäuse mitunter über die Bestände her. Zur Lagerung sind die Knollen kaum geeignet, denn sie schrumpeln an der Luft sehr schnell und sind dann kaum noch zu gebrauchen. Als Handelsware taugen sie deshalb nicht – nur für den Anbau im eigenen Garten oder für ganz schnelle Vermarktungswege.

Spezialgärtnereien bieten mehrere Sorten an, die sich durch die Größe der Knollen und die Farbe der Haut unterscheiden. Da gibt es solche mit bräunlicher oder gelblicher Schale und – besonders interessant – blauviolett gefärbte. Die hauchdünne Schale kann an der Knolle belassen oder abgeschält werden. Beim Essen stört sie nicht. Das Schälen bereitet bei den Knollen mit den vielen Auswüchsen, mit Eindellungen und Ausstülpungen sowieso einige Mühe; es genügt auch, die Knollen gründlich abzubürsten.

Ihren vollen nussigen Geschmack entfalten die Knollen roh. Allerdings sei davor gewarnt, dass empfindliche Menschen Blähungen bekommen. Eine gängige Zubereitungsart ist das Raffeln wie bei Möhren für Salat oder in Scheiben geschnitten für Aufläufe. Und mixen lässt sich die stärkereiche Knolle auch – für Smoothies.

Steckbrief Topinambur

- Pflanzenfamilie:
  Korbblütler, ausdauernd
- Herkunft:
  Nordamerika
- Pflanzung:
  Frühjahr oder Spätherbst
- Kulturansprüche:
  Sonnig, feuchter Boden, anspruchslos
- Ernte:
  Ab September–Oktober und März–April
- Verwendung:
  Frisch geraffelt als Salat, gedünstet für Gemüse, Presssaft
- Empfehlenswerte Sorten:
  'Bianca': weiße glatte Knollen;
  'Gföhler Rote': sehr kleine, rotschalige Knollen;
  'Schönenbuch': rotschalig
- Für Kübel und Kästen:
  Nicht geeignet

Wurzelpetersilie, Petersilienwurzel

Die Wurzelpetersilie oder Petersilienwurzel (*Petroselinum crispum* var. *tuberosum*) kennt man hauptsächlich als Bestandteil von Suppengrünmischungen. Doch dieses sehr schmackhafte Gemüse hat es verdient, eigenständig wahrgenommen und ganz für sich zubereitet zu werden.

Die Pflanzen bilden Blattschöpfe aus petersilienartigen Blättern aus. Unter der Erde wachsen weiße möhrenähnliche Rüben, die aber etwas breitschultriger als Möhren sind und in einer langen Wurzelspitze auslaufen. Insgesamt reichen die Wurzeln etwa 50 cm in den Boden. Die Wurzelpetersilie ist also nichts für Balkonkästen, sondern für die Freilandkultur in tiefgründigem Boden.

Die Kultur der Wurzelpetersilie ist einfach. Sie wird wie Möhre und Pastinake im April oder Mai in Reihen aufs Beet gesät und später in der Reihe vereinzelt. Das Gemüse keimt langsam und läuft unregelmäßig auf. Während des Wachstums im Sommer braucht die Wurzelpetersilie wenig Pflege. Es genügt, ab und zu durchzuhacken und die Beikräuter zu regulieren. Die Wurzelpetersilie braucht lange, bis sich der Rübenkörper ausgebildet hat und sich die Ernte lohnt; erst im Spätherbst ist es so weit.

Eine einzige Wurzel verleiht Gemüsegerichten und Suppen so viel Geschmack, dass man kaum noch salzen und pfeffern muss. Das Gemüse ist deshalb für die Diätküche sehr wertvoll. Das aromatische Laub lässt sich wie Blattpetersilie zum Würzen verwenden.

Wurzelpetersilie hat einen würzigen und zugleich feinen Geschmack. (Foto: Floramedia.de)

Steckbrief Wurzelpetersilie

- Pflanzenfamilie:
  Doldenblütler, mehrjährig (einjährig kultiviert)
- Herkunft:
  Mittel- und Nordeuropa
- Aussaat:
  März–Anfang Mai
- Kulturansprüche:
  Normaler, tiefgründiger Gartenboden
- Ernte:
  Oktober–November (mit etwas Schutz auch im Winter)
- Verwendung:
  Wie Möhren, geraffelt für Rohkostsalate, Gemüsegerichte, für Suppen und Soßen
- Empfehlenswerte Sorten:
  'Halblange', 'Lange Oberlaaer'
- Für Kübel und Kästen:
  Bedingt geeignet, wenn genügend Wurzelraum

Zuckerwurzel, Zucker-Merk

Die Zuckerwurzel (*Sium sisarum*) ist eine echte Rarität, die früher wegen ihres süßen Geschmacks häufiger angebaut wurde. Es lohnt sich auf jeden Fall, dieses besondere Gemüse anzubauen. Über Geschmack lässt sich dabei bekanntlich nicht streiten; probieren Sie es einfach aus.

Erst wenn die oberirdischen Teile der Zuckerwurzel einziehen, werden die Wurzeln, deren Form an Dahlienknollen erinnert, geerntet. Zubereitet werden sie wie Pastinaken oder Möhren, roh oder gedünstet.

Die Zuckerwurzel wächst zu einer mächtigen Staude heran.

Steckbrief Zuckerwurzel

- Pflanzenfamilie:
  Doldenblütler, ausdauernd
- Herkunft:
  Südosteuropa, Westasien
- Pflanzung:
  Frühjahr
- Kulturansprüche:
  Sandiger, nährstoffreicher Boden, geschützte Lage
- Ernte:
  Winter
- Verwendung:
  Roh oder gedünstet
- Empfehlenswerte Sorten:
  Verschiedene Herkünfte
- Für Kübel und Kästen:
  Nicht geeignet

Zwiebelgewächse

Die Schalotte ist ein feines Gemüse, das sich leicht kultivieren lässt.

Die Zwiebel und ihre Verwandten, die zur Gattung Allium gehört, sind eine vielgestaltige, äußerst interessante Gruppe von Gemüsearten und Würzkräutern mit ausgeprägtem Geschmack und medizinischer Wirkung. Von manchen Arten nutzt man die Zwiebeln, von anderen die Blätter, die bei manchen Zwiebelgewächsen auch als „Schlotten" bezeichnet werden.

Schwefelhaltige Allicine und ein Cocktail aus Vitaminen (viel Vitamin C) und Mineralstoffen geben den Lauchgewächsen ihren typisch scharfen und würzigen Geschmack. Ein hoher Anteil an Zucker macht Küchenzwiebel und Schalotte zudem süß. Beim Zwiebelschneiden entsteht durch Zersetzung schwefelhaltiger Substanzen ein beißender Geruch, der einem Tränen in die Augen treibt.

Manche Zwiebelgewächse wie die Küchenzwiebel oder die Schalotte werden einjährig oder einjährig überwinternd kultiviert, andere sind ausdauernd. Je nach Art werden die Verwandten der Zwiebelfamilie ungeschlechtlich (vegetativ) oder geschlechtlich (generativ) vermehrt: Schalotte und Knoblauch üblicherweise vegetativ über „Zehen"; Gemüsezwiebel, Frühlingszwiebel, Lauchzwiebel und Lauch beziehungsweise Porree generativ über Saatgut. Einige ausdauernde Arten wie die Weinbergzwiebel vermehrt man durch Teilen der Zwiebelhorste.

Schalotte

Die Schalotte (*Allium cepa* Aggregatum Grp.) stammt aus dem Mittelmeerraum und Vorderasien. Der deutsche und der bis vor Kurzem gebräuchliche botanische Name *Allium ascalonicum* deuten auf die Herkunft aus der Stadt Ascalon im heutigen Israel hin. Wahrscheinlich brachten Kreuzfahrer die Pflanze nach Mitteleuropa.

Es gibt verschiedene Schalottentypen, die sich durch Größe und Form der Zwiebel und durch die Färbung des Fleisches beziehungsweise der Hülle unterscheiden. In der feinen Küche zieht man die Schalotte der Küchenzwiebel wegen ihres feineren Geschmacks vor und nutzt sie fein gehackt oder im Ganzen geschmort für Soßen und als Beilage zu Fleisch.

Schalotten werden genauso wie Küchenzwiebeln im April (in milden Lagen bereits ab Ende März) gesteckt, wenn keine lang anhaltenden tiefen Fröste mehr zu erwarten sind. Bei zu frühem Stecken besteht nämlich die Gefahr, dass die Zwiebeln „schossen", das heißt vorzeitig in Blüte gehen. Man steckt die gekauften oder selbst vermehrten Steckzwiebeln so in den Boden, dass die Spitze nach oben weist und gerade bis unter die Erdoberfläche reicht.

Wenn Sie eine ganze Reihe stecken, ist es sinnvoll, eine Setzschnur zu Hilfe zu nehmen, um eine gerade verlaufende Reihe zu bekommen. Stecken Sie die Zwiebeln im Abstand von etwa 15 cm in der Reihe etwa 5 cm tief und mit einem Reihenabstand von ungefähr 25 cm. Schalotten gedeihen am besten auf leichten, sich schnell erwärmenden Böden. Besonders zu Beginn der Kultur muss man die Reihen gelegentlich durchhacken, vor allem wenn der Boden verkrustet ist. Gehen Sie jedoch vorsichtig zu Werke, hacken Sie nicht zu nah an den Zwiebeln und beschädigen Sie das Laub nicht.

Während des Wachstums spaltet sich die Mutterzwiebel der Schalotte in Tochterzwiebeln auf. Aus der einen gesteckten Zwiebel bildet sich ein Horst an der Basis zusammenhängender kleiner Zwiebeln, jeweils mit Zwiebelgrün.

Die Zwiebeln sind erntereif, wenn das Laub vergilbt und abstirbt; das ist etwa im Juli–August der Fall. Ernten Sie den zusammenhängenden Zwiebelhorst bei trockenem Wetter und lassen Sie die Zwiebeln im Freien noch etwas nachtrocknen. Schalotten lassen sich wie Küchenzwiebeln an einem geschützten, kühlen Ort bis ins darauffolgende Jahr lagern. Einen Teil der geernteten Zwiebeln behält man als Pflanzgut fürs kommende Jahr zurück.

Schalotten besitzen eine feine Konsistenz und sind etwas milder im Geschmack als Küchenzwiebeln. Zubereitet werden Schalotten fein gewiegt für Salatsoße und Bratensoßen, in Scheiben als Brotbelag, für kalte Platten und Wurstsalat, gedünstet in Mischgemüsen, für Zwiebelkuchen, salzige Kuchen oder als Pizzabelag.

Kleine Schwester

Schalottenzwiebeln sind kleiner als Küchenzwiebeln und etwas länglicher geformt. Es gibt gelbschalige und rotschalige Sorten, etliche sind Regionalsorten. Bei einigen Sorten ist das Fleisch innen rötlich. In Frankreich, wo man die Schalotten („Echalotte") sehr schätzt, gibt es viele Sorten, zum Beispiel 'Cuisse de Poulet'.

Steckbrief Schalotte

- Pflanzenfamilie:
  Liliengewächs, ausdauernd, einjährig kultiviert
- Herkunft:
  Mittelmeerraum
- Pflanzung:
  April
- Kulturansprüche:
  Sonnig, leichter Boden
- Ernte:
  Juli–August, Lagerung über Winter
- Verwendung:
  Zwiebelzehen für Soßen, als Beilage geschmort
- Sorten:
  'Golden Gourmet', 'Gelbe', 'Laaer Rosa Lotte', 'Red Sun'
- Für Kübel und Kästen:
  Bedingt geeignet

Vom Eschleuchel nutzt man das frische Zwiebelgrün.

Weinbergzwiebel, Eschleuchel

Zwiebelgewächse gibt es viele. Küchenzwiebel, Knoblauch, Lauch, Schalotte, Schnittlauch, Wilder Schnittlauch, Winterheckezwiebel, Weinberglauch und – als kaum bekannte Rarität – die Weinbergzwiebel (*Allium vineale*). Sie ist eine alte Kulturpflanze, die im 1586 erschienenen Kräuterbuch von Camerarius unter der Bezeichnung „Eschleuchel" abgebildet ist.

Die Pflanze bildet röhrenartige Blätter aus, die größer als die des Schnittlauchs, aber kleiner als die der Winterheckezwiebel sind. Im Sommer ziehen die Stöcke in der Regel ein und treiben im Herbst wieder frisches Zwiebelgrün. Ein sicheres Erkennungsmerkmal ist die fehlende oder allenfalls verkümmerte Blüte. Sie kann nur durch Teilung (vegetativ) vermehrt werden. Zum Teilen nimmt man den Spaten zu Hilfe, da die länglichen kleinen Zwiebeln tief im Boden sitzen.

Traditionell bereiten schwäbische Hausfrauen an Neckar und Enz ihre Karfreitagsmaultaschen mit dem frischen Grün der Weinbergzwiebel zu. Die Leute kennen das Gewächs mit dem Zwiebelaroma als „Wengertzwiebel", „Röhrle" oder „Zirgele".

Die Bestände gehen jedoch stark zurück. Die Flurbereinigung und veränderte Weinbergsbewirtschaftung setzen dem Gewächs zu: Es gedeiht nur in traditionell mit der Hacke bearbeiteten Weinbergen auf Muschelkalkböden. In Weinbergen, die gemulcht werden oder in denen Herbizide gespritzt werden, verschwindet es. Hinter der Krone oder zu Füßen einer Trockenmauer fühlt sich die Weinbergzwiebel wohl. Wer diese speziellen Standortwünsche kennt und die Pflanze entsprechend platziert, kann sie mit Erfolg im Garten kultivieren.

Steckbrief Weinbergzwiebel

- Pflanzenfamilie:
  Liliengewächs, ausdauernd
- Herkunft:
  Mittelmeerraum
- Pflanzung:
  Herbst
- Kulturansprüche:
  Sonnig, offener Boden, auf Muschelkalk
- Ernte:
  Zwiebelgrün im Frühjahr und im Herbst
- Verwendung:
  Für salzige Kuchen, Maultaschen
- Empfehlenswerte Sorten:
  Keine
- Für Kübel und Kästen:
  Nicht geeignet

Weinbergzwiebelwähe

für eine flache Kuchenform mit 28 cm Durchmesser

Zutaten für den Mürbeteig:
250 g Mehl
100 g Butter, gut gekühlt
1 TL Salz
1 TL Essig
knapp 1/8 l Wasser

Zutaten für den Belag:
2 Handvoll Weinbergzwiebeln, oder als Ersatz Schnittlauch, in kurze Röhrchen geschnitten
200 g Sauerrahm (saure Sahne)
2 Eier
Salz und Pfeffer, nach Belieben

Mehl auf ein Backbrett geben, die Butter in die Mitte legen und mit einem Hackmesser durchhacken. Salz, Essig und Wasser zugeben und alles rasch zu einem geschmeidigen Teig verkneten. 15 Minuten kalt stellen. Die gefettete Blechform damit belegen, am Rand etwa 2 cm hochdrücken. Den Boden mit einer Gabel löchern. Für den Belag den Sauerrahm mit den Eiern gut verrühren, Pfeffer und eine Prise Salz zugeben. Zum Schluss die Zwiebelröhrchen unterrühren und die Masse auf dem Blech verteilen. Im vorgeheizten Backofen bei 200 °C 25 Minuten backen.

Winterheckezwiebel

Die Winterheckezwiebel (*Allium fistulosum*) ist ein altbekanntes Würzkraut in ländlichen Gärten. Bei dieser Zwiebelart treiben die röhrigen Blätter sehr früh aus, in nicht allzu kalten Wintern oft bereits im Februar – begehrtes frisches Zwiebelgrün für Salatsoßen, salzige Kuchen oder Füllungen.

Die Winterheckezwiebel ähnelt in ihrer Gestalt dem Schnittlauch, ist allerdings in allen Teilen und mit einer Höhe von etwa 30 cm größer, und ihre Schlotten sind etwas aufgeblasen. Die weißen Blüten ziehen Insekten und vor allem Hummeln geradezu magisch an. Anders als man vermuten könnte, ist die Winterheckezwiebel kein einheimisches Gemüse; sie stammt vielmehr aus Ostasien und Sibirien und ist mit den Lauchzwiebeln aus dem Gemüseladen verwandt (siehe Bild S. 70).

Pflanzen Sie das Würzkraut am besten an den Rand eines Gemüsebeets oder in die Kräuterrabatte, nicht ins Beet selbst, da es sich um eine ausdauernde Pflanze handelt, die jedes Jahr wiederkommt. Auch durch Aussaat kommt man schnell zur ersten Ernte. Wenn sie viel Zwiebelgrün brauchen, können Sie durchaus größere Mengen im Garten ansiedeln. In der Regel wird eine Pflanze für den Haushalt ausreichen. Im Lauf der Zeit entwickelt sie sich zu einem größeren Horst, von dem man nach und nach die röhrenartigen Blätter abschneiden kann.

Steckbrief Winterheckezwiebel

- Pflanzenfamilie:
  Liliengewächs, ausdauernd
- Herkunft:
  Ostasien, Sibirien
- Aussaat/Pflanzung:
  März–April, Teilung im Herbst

Der Samenstand der Winterheckezwiebel mit den großen schwarzen Samenkörnern ist sehr dekorativ.

- Kulturansprüche:
  Nährstoffreicher, humoser Boden
- Ernte:
  Ab Februar/März und nach erneutem Austrieb im Herbst
- Verwendung:
  Frisches Zwiebelgrün vor der Blüte
- Empfehlenswerte Sorten:
  Verschiedene Herkünfte
- Für Kübel und Kästen:
  Geeignet

Etagenzwiebel, Luftzwiebel, Rockenbolle

Die Etagenzwiebel (*Allium cepa* Proliferum Grp.) bietet einen interessanten Anblick. An der Spitze bauchig aufgeblasener Schäfte bilden sich in 30 cm Höhe Brutzwiebeln. Diese treiben ebenfalls Blätter aus, an deren Spitze wiederum neue Brutzwiebeln entstehen. Die Etagen lässt man des dekorativen Aussehens wegen stehen oder nutzt die Brutzwiebeln in der Küche zum Würzen von Salatsoßen oder Gemüsegerichten. Auch das Zwiebellaub ist essbar.

Für aufrechten Wuchs und gute Entwicklung müssen die Pflanzen frei und sonnig stehen. Kopflastige Schäfte muss man unter Umständen anbinden. Die Staude blüht nicht und lässt sich nur vegetativ über Brutzwiebeln vermehren. In milden Wintern bleibt die Zwiebel durchgehend grün.

Steckbrief Etagenzwiebel

- Pflanzenfamilie:
  Liliengewächs, ausdauernd
- Herkunft:
  Unbekannt
- Pflanzung:
  Brutzwiebeln im Frühjahr oder Herbst
- Kulturansprüche:
  Anspruchslos, sonnig
- Ernte:
  Nahezu ganzjährig
- Verwendung:
  Frisches Zwiebelgrün vor der Blüte, Brutzwiebeln
- Empfehlenswerte Sorten:
  Verschiedene Herkünfte
- Für Kübel und Kästen:
  Nicht geeignet

Leguminosen

Erbsen, Bohnen & Co.

Bohnen und Erbsen gehören zur Pflanzenfamilie der Schmetterlingsblütler oder Leguminosen. Die Vertreter dieser Pflanzengruppe erkennt man an den typisch geformten und auffallend gefärbten Blüten mit Fahne, Flügel und Schiffchen aus denen sich die arttypischen Hülsen entwickeln. Viele Arten dieser Familie sind beliebte Zierpflanzen, zum Beispiel die Wicken.

Schmetterlingsblütler besitzen die einzigartige Eigenschaft, mithilfe von Bodenbakterien Stickstoff aus der Luft zu filtern und diesen in sogenannten Knöllchen anzureichern. Leguminosen entwickeln sich deshalb ohne Düngung sehr gut. Diese Tatsache macht Bohnen, Erbsen und ihre Verwandten in der Fruchtfolge und generell in der Landwirtschaft zu sehr bedeutenden Kulturpflanzen.

Bohnen und Erbsen gehören zu den ältesten Kulturgemüsen. Durch ihren hohen Eiweißgehalt sind sie für die menschliche Ernährung sehr wertvoll. Wer Bohnen isst, braucht kein Fleisch für eine vollwertige Ernährung!

Garten-Bohne, Stangen-Bohne

Die Stangen-Bohne (*Phaseolus vulgaris* var. *vulgaris*) ist zwar ein bekanntes Gemüse, aber sie verdient es dennoch, einen Platz in diesem Gemüseraritätenbuch zu bekommen, weil sie in den Hausgärten selten angebaut wird, zumindest seltener als die Busch-Bohne. Die Busch-Bohne besitzt eben den großen Vorteil, dass sie kein Klettergerüst braucht und den Platz im Garten nicht so lange beansprucht. Abgesehen von diesen Tatsachen verdienen Stangen-Bohnen den Vorrang, weil sie ertragreicher sind, über längere Zeit geerntet werden können und zudem durch ihren aufrechten Wuchs den Gartenraum gut nutzen. Zudem sind Stangen-Bohnen kaum im Gemüsehandel erhältlich, schon gar nicht die vielen interessanten Sorten, die man mangels Angebot in den Läden selbst anbauen muss.

Bei einem Blick in das Angebot der ARCHE NOAH in Schiltern oder des Vereins zur Erhaltung der Nutzpflanzenvielfalt (VEN) – Kontakte siehe Seite 93 – kommen Stangen-Bohnen-Liebhaber bei den vielen Lokalsorten und älteren Züchtungen ins Träumen. Die Sorten unterscheiden sich in Form und Farbe der Hülsen und der Bohnenkerne. Die langen Hülsen sind – je nach Sorte – schmal oder breit, flach, oval oder rund geformt und grün, violett, grün-violett gesprenkelt oder gelb gefärbt.

Wenn Sie sich an ein paar Grundregeln und Erfahrungswerte halten, werden Sie reiche Ernten bekommen: Weichen Sie Samenkörner vor der Saat etwa 12 Stunden ein, damit sie besser keimen. Stangen-Bohnen brauchen viel Wärme, deshalb erst säen, wenn sich der Boden auf über 10 °C erwärmt hat.

Das ist normalerweise erst Mitte Mai der Fall. Stangen-Bohnen lassen sich aber auch gut im Haus in Töpfen vorziehen. Kräftige Jungpflanzen haben dann einen Wachstumsvorsprung gegenüber im Freiland ausgesäten und werden zudem nicht so leicht von Schnecken gefressen. Späte Aussaaten bringen durch die kürzere Kulturdauer weniger Ertrag. Geben Sie Stangen-Bohnen unbedingt einen windgeschützten Platz; an zugigen Plätzen zerschlitzt nämlich der Wind die Blätter. Und geben Sie ihnen eine Kletterunterlage, an der sie leicht in die Höhe schlingen können – dünne Holzstangen oder Bambusstangen, Schnüre oder Metallstäbe sind ideal.

Es empfiehlt sich, die Erde um die Kulturen während des Wachstums locker zu halten und Reihen oder Horste zu Wachstumsbeginn leicht mit Erde anzuhäufeln. Bitte beachten Sie, dass Bohnen viel Wasser brauchen. Während der Blüte darf der Boden nicht austrocknen. Bei Wassermangel bilden sich wenig Blüten und dementsprechend kaum Hülsen.

Von Stangen-Bohnen erntet man entweder die grünen Bohnen, also die unreifen Bohnenhülsen, die Hülsen mit den unreifen (milchreifen) Samenkörnern oder die ausgereiften Hülsen mit reifen Bohnensamen, die regional auch als Bohnenkerne, als Trockenkochbohnen oder schlicht als „Bohnen" bezeichnet werden. Stangen-Bohnen muss man mehrmals durchpflücken, umso besser ist auch der Ertrag. Aus grünen Bohnen oder Trockenbohnen zubereitete warme Salate und Gemüsegerichte, Suppen, Eintöpfe, Brotaufstriche überzeugen auch anspruchsvolle Esser.

Bitte beachten

Grüne Bohnen und Trockenbohnen müssen immer gekocht werden, damit sich der giftige Inhaltsstoff Phasein abbaut.

Steckbrief Stangen-Bohne

- Pflanzenfamilie:
  Schmetterlingsblütler, einjährig
- Herkunft:
  Südamerika
- Aussaat:
  Mai–Juni
- Kulturansprüche:
  Geschützter, windstiller Platz
- Ernte:
  Juli–September
- Verwendung:
  Unreife grüne Bohnen oder Trockenbohnen
- Empfehlenswerte Sorten:
  'Berner Landfrauen': grün-violett gestrichelt und gesprenkelt;
  'Blauhilde': rund, blauhülsig;
  'Hilda': flache breite Hülsen, auch fürs Gewächshaus;
  'Marga': dunkelgrün, auch fürs Gewächshaus;
  'Neckargold': rund, tiefgelb;
  'Neckarkönigin': bewährte Sorte
- Für Kübel und Kästen:
  Geeignet, wenn genügend großes Gefäß und windgeschützter Stand

Prunk- und Feuerbohnen

Die Kultur der Prunk- oder Feuer-Bohne (*Phaseolus coccineus*) entspricht der der Stangen-Bohne. Die Art ist etwas robuster als diese und kommt mit weniger Wärme aus. Die wüchsigen Kletterpflanzen schlingen an Stangenkonstruktionen bis etwa 3 m hoch. Dafür sind die Hülsen gröber. Wenn Sie die grünen Bohnen

Trockenbohnenallerlei.

nutzen wollen, sollten Sie sie früh ernten, bevor sich die Bohnenkerne in der Hülse abzeichnen. Überständige Bohnen werden hart und schmecken nicht mehr. Die Bestände sollten immer gut durchgepflückt werden. Wenn man die Hülsen an der Pflanze ausreifen lässt, bekommt man Trockenbohnen.

Die reifen und getrockneten Samen der Hülsenfrüchte sind einerseits Nahrungsmittel und andererseits Saatgut. Wer Bohnenkerne gewinnt, kann davon einen kleinen Vorrat für die Aussaat im kommenden Jahr zurückbehalten. So kann sich jeder Bohnenanbauer selbst mit Saatgut versorgen. Die großkörnigen, auffällig gesprenkelten oder marmorierten Feuer-Bohnen bieten sich zur eigenen Saatgutvermehrung geradezu an. Trockenbohnen lassen sich an kühlem, luftigem Ort jahrzehntelang lagern. Wichtig ist aber, dass sie auch wirklich erst im trockenen Zustand und an einem trockenen Platz aufbewahrt werden. Ansonsten können Schimmelpilze die Ernte zunichtemachen.

Aus den nahrhaften, eiweiß- und stärkereichen Bohnen lassen sich schmackhafte Gerichte zaubern – die Basis der Ernährung für alle, die wenig oder gar kein Fleisch essen!

Steckbrief Prunk- und Feuer-Bohnen

- Pflanzenfamilie:
  Schmetterlingsblütler, einjährig
- Herkunft:
  Südamerika
- Aussaat:
  Mai–Anfang Juli
- Kulturansprüche:
  Anspruchslos
- Ernte:
  Juli–September
- Verwendung:
  Grüne Bohnen oder Trockenbohnen
- Empfehlenswerte Sorten:
  'Bonela': Steirische Käferbohne, großkörnig, schwarz-lila gesprenkelt;
  Zwergprunkbohne 'Hestia': weiß-rote Blüten, 50 cm hoch;
  'Lady Di': rote Blüten, fadenlos;
  'Preisgewinner': sehr wüchsig, rot blühend, verwaschen violettrote, schwarz gesprenkelte Bohnen;
  'Weiße Riesen': weiße Blüten; weitere Lokalsorten
- Für Kübel und Kästen:
  Bedingt geeignet, wenn regelmäßige Wasserversorgung

Bohnensuppe
(für 4 Personen)

200 g Bohnenkerne
50 g Vollkornmehl
1 Zwiebel
einige Zweige Bohnenkraut
Salz, Kümmel
1 l Wasser
1 Schuss Schlagobers (süße Sahne)

Bohnenkerne über Nacht in reichlich Wasser einweichen. Bohnenwasser abschütten und mit 0,5 l Wasser garen. Das Mehl trocken anrösten, klein geschnittene Zwiebeln dazugeben. Mit den restlichen 0,5 l Wasser vermischen und zu einer sämigen Masse verrühren. Unter die fertig gekochten Bohnen geben, verrühren und mit Bohnenkraut und Gewürzen abschmecken.

Gratin mit Dicken Bohnen
(für 4 Personen)

750 g Kartoffeln
300 g Zucchini
200 g frische Bohnenkerne
150 ml Schlagobers (süße Sahne)
100 g geriebener Käse
2 Eier
Salz, Gewürze nach Belieben

Die Kartoffeln schälen und in Scheiben schneiden. Zucchini waschen und in Scheiben schneiden. Kartoffeln und Bohnen bissfest kochen. Das Gemüse abwechselnd in eine gefettete Auflaufform schichten und würzen. Sahne und Eier mit etwas Salz verquirlen und über das Gemüse gießen. Mit geriebenem Käse bestreuen. Bei mittlerer Hitze 30 Minuten überbacken.

Bohnenkernaufstrich aus weißen Bohnen

200 g weiße Trockenbohnen
100 g weicher Schafskäse (Feta)
Weinessig oder Zitronensaft
Salz
Gewürze nach Belieben: Thymian, Majoran, Oregano, Paprika, Petersilie

Bohnen über Nacht in etwa der dreifachen Menge Wasser einweichen und anschließend im Einweichwasser weich kochen. Eventuell etwas Wasser nachgeben. Noch im Kochtopf mit dem Pürierstab pürieren. Grob zerkleinerten Feta zum Bohnenpüree geben und mithilfe des Pürierstabs untermischen. Thymian und die restlichen Gewürze ebenfalls einmischen. Die Paste bekommt durch den Feta eine weiche, cremige Konsistenz. Durch Zugabe von etwas Wasser lässt sie sich nach Bedarf noch cremiger machen. Diese Paste eignet sich hervorragend als Dip oder als Brotaufstrich und ist besonders reich an wertvollem Eisen. Ideal für sommerliche Picknicks.

Die Puff-Bohne oder Dicke Bohne gilt in manchen Regionen als Delikatesse. (Foto: Floramedia.de)

Puff-Bohne, Dicke Bohne

Manche Gemüsefans sind begeistert von der Puff-Bohne (*Vicia faba* var. *faba*), andere dagegen haben von diesem Gemüse noch nichts gehört. Bevor Feuer-Bohnen und Garten-Bohnen nach Europa eingeführt wurden, bauten die Menschen in Mitteleuropa aber bereits Puff-Bohnen an. Die Römer hatten sie Jahrhunderte zuvor aus dem Mittelmeerraum mitgebracht. Die Körner versorgten die Menschen mit dem lebenswichtigen Eiweiß.

Das Gemüse gedeiht am besten in feuchtem Meeresklima. Im Landesinneren und im Süden wird dagegen eher die Acker-Bohne (*Vicia faba* var. *minuta*) als Feldfutterpflanze angebaut. Deren kleine Körner sind ebenfalls essbar.

Die Puff-Bohne ist frostverträglich und kann sehr bald im Februar oder im März gesät werden. Wegen ihrer Kälteverträglichkeit eignet sich die Kultur auch für den Anbau im Gebirge, bei entsprechend späterer Aussaat bis Anfang April.

Bitte beachten Sie, dass Puff-Bohnen sehr tief, 8–12 cm tief, gesät werden; bei Reihenkultur mit einem Abstand von 50–60 cm zueinander und in der Reihe 10 cm Abstand. Die Pflanzen bilden einen aufrechten, vierkantigen Stängel mit fleischigen Blättern. Aus großen weißen, schwarz gefleckten Schmetterlingsblüten entwickeln sich die Hülsen. Um die Standfestigkeit der Pflanzen zu verbessern, sollte man sie anhäufeln. Während der Kultur brauchen Puff-Bohnen viel Wasser. Je früher gesät wird, umso geringer ist die Gefahr, dass Schwarze Blattläuse über die fleischigen Triebe herfallen und Pflanzensaft saugen. Die sind nämlich leider ein großes Problem beim Anbau und die Pflanzen sehen dann nur noch unappetitlich aus und die Hülsenansätze verkümmern.

Von der Puff-Bohne isst man normalerweise die unreifen platten Samenkörner (die reifen Körner sind aber ebenfalls nutzbar), die zu viert oder fünft in den Hülsen sitzen. Je nach Sorte sind die unreifen Körner grünlich oder weiß. Die weißen Körner mancher Sorten werden beim Kochen braun. Puff-Bohnenkörner kann man – anders als die Garten-Bohne – auch roh essen. Am besten schmecken sie leicht gedünstet, püriert oder gratiniert zubereitet. Und einfrieren lassen sich die Körner auch.

Steckbrief Puff-Bohne

- Pflanzenfamilie:
  Leguminosen, einjährig
- Herkunft:
  Mittelmeergebiet bis Südwestasien
- Aussaat:
  Ab Februar bis Anfang Juni
- Kulturansprüche:
  Anspruchslos, kälteverträglich,
  feuchter Boden

- Ernte:
  Ab Juni
- Verwendung:
  Körner in Milchreife
- Empfehlenswerte Sorten:
  'Con Amore', 'Dreifach Weiße': weiße Körner, weiß kochend;
  'Eleonora': standfest; 'Frühe Weißkeimige' – weiße Körner, braun kochend;
  'Hangdown Grüne' – grünes Korn, grün kochend;
  'Großbohne vom Lötschental': dunkelviolettes Korn; Lokalsorten
- Für Kübel und Kästen:
  Nicht geeignet

Spargelerbse, Flügelerbse

Die Spargelerbse (*Tetragonolobus purpureus*) ist mit ihren roten, wickenartigen Blüten eine echte Zierde für den Garten. Das aus Südeuropa stammende Gewächs wird wie Erbsen angebaut, also Ende April bis Mai etwa 2–3 cm tief ausgesät. Im Garten brauchen die Pflanzen einen weiten Abstand von etwa 40–50 cm zueinander. Günstig ist die Vorkultur in Töpfen im Haus, zumal man für einen kleinen Küchengarten nur wenige Pflanzen benötigt. Die Pflanzen wachsen buschig mit teils niederliegenden, teils aufrechten Trieben. Da diese nur 50–60 cm hoch werden, brauchen sie nicht unbedingt Reisig als Stütze. Zierend sind auch die dreigeteilten Blätter.

Aus den wickenartigen Blüten entwickeln sich ca. 5–6 cm lange vierflügelige Hülsen. Ernten Sie diese unbedingt jung; sie werden wie Zuckererbsen zubereitet. Zu alt gewordene Hülsen schmecken nicht mehr, werden faserig und die Körner werden hart. Doch wenn es dazu kommen sollte, macht das nichts; lassen Sie die Körner einfach ausreifen und versorgen sich so mit Saatgut für den Anbau im darauffolgenden Jahr.

Die jungen Spargelerbsenschoten verwendet man leicht gedünstet wie Zuckererbsen.
(Foto: Floramedia.de)

Steckbrief Spargelerbse

- Pflanzenfamilie:
  Schmetterlingsblütler, einjährig
- Herkunft:
  Südeuropa
- Aussaat:
  April–Mai
- Kulturansprüche:
  Sonnig, warm
- Ernte:
  Juni–September
- Verwendung:
  Unreife Hülsen wie Zuckererbsen
- Empfehlenswerte Sorten:
  Nur Herkünfte
- Für Kübel und Kästen:
  Bedingt geeignet

Ganz besondere **Raritäten**

(Foto: Floramedia.de)

Einige Gemüsearten passen nicht so recht in die bisherigen Gruppierungen. Die meisten sind zweijährige oder ausdauernde Gewächse, die viel Platz im Garten brauchen und oft als Solitär stehen. Artischocke oder Grünspargel werden in Regionen mit guten Standortverhältnissen als landwirtschaftliche Kulturen angebaut. Die Dauerkulturen können einige Jahre an ihrem Platz bleiben.

Eine Sonderstellung nehmen sie ebenfalls in Bezug auf ihre Inhaltsstoffe ein, die sie nicht nur zu Nahrungspflanzen, sondern auch zu Medizin machen. Bei Artischocke und Cardy sind es die Bitterstoffe. Diese wirken wohltuend auf Magen und Galle und verhelfen zu gutem Appetit. Grünspargel ist durch seine entwässernde und entschlackende Wirkung ebenfalls der Gesundheit zuträglich und Erdmandel durch den nussigen Geschmack für Müsli und süße Gebäcke gut zu gebrauchen.

Artischocke

Die Artischocke (*Cynara* Scolymus Grp.) steht im Gemüsealphabet ganz vorn. Das königliche Gemüse hat diese Vorrangstellung aber nicht nur wegen der Stellung im Alphabet, sondern auch wegen des besonderen Geschmacks und der wohltuenden Eigenschaften für die inneren Organe. Für den leicht bitteren Geschmack sorgen vor allem das Cynaropikrin aus der Stoffgruppe der Sesquiterpene sowie Cynarin.

Die ausdauernde Pflanze, die aus dem Mittelmeerraum stammt, wird 1–2 m hoch. In großem Stil wird sie heutzutage im ausgeglichenen Klima der Bretagne angebaut. Die Kultur ist auch in Mitteleuropa möglich, allerdings lohnt sich der Anbau nur in wärmeren Lagen.

Man kann das Gemüse selbst aussäen oder die Jungpflanzen kaufen. Gepflanzt wird Ende Mai im Abstand von ca. 100 x 100 cm. Die Artischocke bildet zunächst eine Blattrosette, aus der dann meist im zweiten Jahr (bei manchen Sorten auch schon im Pflanzjahr) die Blütenstängel herauswachsen. Damit sich die Artischocke gut entwickelt, braucht sie humosen und nährstoffreichen Boden und viel Wasser. Da das Gewächs in mitteleuropäischem Klima nicht sicher winterhart ist, muss man es über Winter mit Erde, Stroh oder Laub abdecken.

Geerntet werden die Blütenknospen; schneiden Sie diese mit einem scharfen Messer knapp unterhalb des Blütenbodens ab. Pro Pflanze entwickeln sich bei besten Bedingungen höchstens sechs bis acht Knospen, oft sind es aber nur ein oder zwei. Üblicherweise kocht man Artischocken als Ganzes in reichlich Wasser und reicht sie als Vorspeise.

Artischocke stilgerecht essen

Beim Essen zupft man die einzelnen Hüllblätter ab, tunkt sie in eine Vinaigrette und zieht das cremige Artischockenfleisch mit den Zähnen aus dem unteren Teil der Blätter heraus. Als Belohnung stößt man nach dem langwierigen Abziehen der Hüllblätter auf den Artischockenboden, der mit Messer und Gabel verspeist werden kann.

Für Feinschmecker eine Delikatesse: die jungen Blütenknospen der Artischocke.

Cardy wirkt durch seine langen, bogig überhängenden Blätter sehr dekorativ.

Steckbrief Artischocke

- Pflanzenfamilie:
  Korbblütler, ein- bis zweijährig
- Herkunft:
  Mittelmeerraum
- Aussaat/Pflanzung:
  Pflanzung Ende Mai
- Kulturansprüche:
  Humoser, nährstoffreicher Boden, gute Wasserversorgung
- Ernte:
  Blütenknospen
- Verwendung:
  Blütenknospen als Vorspeise
- Empfehlenswerte Sorten:
  'Große von Laon';
  'Imperial Star': blüht im Pflanzjahr;
  'Romagna': violett gefärbte Knospen
- Für Kübel und Kästen:
  Nicht geeignet

Cardy, Kardy, Wilde Artischocke

Cardy (*Cynara cardunculus*) wächst zu einer imposanten Gestalt heran. Man sieht ihn häufig als Zierpflanze auf den lang gestreckten Rabatten in barocken Gartenanlagen. Die silbrigblauen, tief gezahnten und bogig geschwungenen Blätter sehen ausgesprochen dekorativ aus. Eine Zierde sind auch die blauvioletten Korbblüten, die sich gut trocknen lassen. Die aus dem östlichen Mittelmeerraum stammende Pflanze wächst zweijährig; sie ist jedoch in kühlem mitteleuropäischem Klima nicht sicher winterhart und braucht eine Decke aus Laub als Winterschutz.

Wer Cardy selbst anziehen möchte, sät ihn im März im Haus in Töpfe aus. Gepflanzt wird nach den Eisheiligen in weitem Abstand von 80 x 80 bis 100 x 100 cm. Für den Bedarf im Haushalt genügt eine Pflanze, die man praktischerweise kauft und als Solitär aufs Blumenbeet pflanzt. In sehr warmem Klima können Sie auch ausprobieren, Cardy nach den Eisheiligen direkt aufs Beet zu säen. Dann immer ein paar Saatkörner auf einmal legen und den stärksten Keimling stehen lassen. Für gutes Wachstum benötigt Cardy nährstoffreichen, humosen Boden und zusätzliche Düngung mit Kompost oder Flüssigdünger.

Beim Cardy kommt es auf die dickfleischigen, an den Rippen bestachelten Blattstiele

Beim Cardy werden die Blattstiele geerntet. (Foto: Floramedia.de)

an. Ernten Sie diese und bereiten sie so zu, wie sie sind, oder bleichen Sie diese vor der Ernte. Zum Bleichen bindet man die Blattstiele zusammen und umwickelt sie mit Tüchern, Wellpappe oder dunklem Vlies. Das Zusammenbinden sollte möglichst bei trockenem Wetter geschehen, da feucht zusammengebundene Blätter leicht anfangen zu faulen. Nach etwa 3–4 Wochen kann man die gebleichten Blätter dicht am Boden abschneiden.

Von den Blattstielen zieht man die Außenhaut ab, schneidet sie in längliche Stücke und kocht sie in Salzwasser. Damit sie sich nicht verfärben, gibt man Essig oder Zitronensaft hinzu.

Steckbrief Cardy

- Pflanzenfamilie:
  Korbblütler, mehrjährig, oft einjährig kultiviert
- Herkunft:
  Mittelmeerraum
- Aussaat/Pflanzung:
  Pflanzung Ende Mai
- Kulturansprüche:
  Humoser, nährstoffreicher Boden, gute Wasserversorgung
- Ernte:
  Gebleichte Blattstiele im Spätherbst
- Verwendung:
  Gekochte Stiele für Salat, als Beilage
- Empfehlenswerte Sorten:
  Herkünfte mit bestachelten und unbestachelten Blattstielen
- Für Kübel und Kästen:
  Nicht geeignet

Grünspargel ist ein altes Gemüse, das sich leicht anbauen lässt. (Foto: Floramedia.de)

Grünspargel

Grünspargel wird seit Tausenden von Jahren angebaut. Bereits die Römer sollen die Kultur über die Alpen gebracht haben. Grünspargel lässt sich leichter kultivieren als Bleichspargel. Es handelt sich um die gleiche Art, den Gemüse-Spargel (*Asparagus officinalis*), lediglich um verschiedene Sorten. Neue Züchtungen des Grünspargels enthalten wenig oder gar kein Anthocyan.

Normalerweise wird Spargel gepflanzt. Auch die Aussaat ist möglich, jedoch langwierig und die Ernte verzögert sich dadurch um

Das Kraut des Grünspargels schießt im Sommer in die Höhe.

ein Jahr. Spargelpflanzen sind eigenartige Gebilde. Zum Pflanzen von Grünspargel hebt man 10–15 cm tiefe Gräben aus, in die man die Wurzeln, die sogenannten Klauen, seesternartig auslegt. Gepflanzt wird im Abstand von 30–40 cm (3 Pflanzen pro lfd. Meter), bei einem Reihenabstand von 0,5–1 m. Der Grabenboden wird gelockert und vor dem Pflanzen gut verrotteter Kompost aufgebracht und eingemischt. Grünspargel braucht im Gegensatz zum Bleichspargel nicht angehäufelt zu werden, was die Kultur wesentlich vereinfacht. Ab dem dritten Jahr nach dem Pflanzen darf geerntet werden.

Die Kultur lässt sich durch Auflegen von Vlies verfrühen, sodass die Ernte ab etwa April möglich wird. Geerntet werden die aus der Erde spitzenden Spargelstangen, solange die Köpfe geschlossen sind. Schneiden Sie die Stangen direkt über dem Boden ab. Die Triebe des Grünspargels sind schlanker als die des Bleichspargels. Nach der Erntephase lässt man die Triebe in die Höhe schießen und freut sich an den dekorativen Stauden mit dem fein beblätterten Laub.

Geerntete Grünspargelstangen halten sich, in feuchtes Tuch eingewickelt, ein paar Tage lang im Kühlschrank. Gesundheitsbewusste Menschen schätzen die Eigenschaften des Gemüses: Spargel regt den Stoffwechsel an, entschlackt und entwässert. Lassen Sie sich die Stangen auf den Punkt gedünstet schmecken, mit oder ohne Sauce hollandaise!

Steckbrief Grünspargel

- Pflanzenfamilie:
  Spargelgewächse, ausdauernd
- Herkunft:
  Süd- und Mitteleuropa
- Pflanzung:
  April
- Kulturansprüche:
  Sandiger, nährstoffreicher Boden, feucht
- Ernte:
  April bis 24. Juni
- Verwendung:
  Spargelsprosse, roh oder bissfest in Salzwasser gekocht
- Empfehlenswerte Sorten:
  'Schneewittchen': anthocyanfrei;
  'Steiniva': anthocyanfrei
- Für Kübel und Kästen:
  Nicht geeignet

Register

Nützliche Adressen

Bezugsquellen für Saatgut

(Einige Anbieter verkaufen auch Pflanzen)

Österreich:

ARCHE NOAH
Gesellschaft zur Erhaltung und Verbreitung der Kulturpflanzenvielfalt
Obere Str. 40
3553 Schiltern
www.arche-noah.at

ReinSaat KG
3572 St. Leonhard am Hornerwald 69
Tel.: +43 (0) 2987/2347
www.reinsaat.at

Ochsenherz Gärtnerhof
Tannengasse 1
2230 Gänserndorf-Süd
www.ochsenherz.at

Ermi's Garten
Enzing 25
5302 Henndorf
www.ermi.elixhauser.com

Naturgarten Scheidl
Neudörfl 186
8321 St. Margarethen an der Raab
www.naturgarten-scheidl.at

Deutschland:

Monika Gehlsen
Zier- und Nutzpflanzenspezialitäten
Willi-Dolgner-Str. 17
06118 Halle (Saale)
Tel.: +49 (0) 345/5226423
www.monika-gehlsen.de

Vertriebsgesellschaft Quedlinburger Saatgut mbH
Dieselstr. 1
06449 Aschersleben
Tel.: +49 (0) 3473/840666
www.quedlinburger-saatgut.de

beetfreunde UG
Erwin-Baur-Str. 23
06484 Quedlinburg
www.beetfreunde.de

Keimzelle
Öko-Saatgut aus Brandenburg
Eve Bubenik
Dorfstr. 20
16846 Vichel
Tel.: +49 (0) 1520/4542040 und +49 (0) 33928/239800

Gärtnerei Wilde Kost
Essbare Wildpflanzen & alte Gemüsesorten
Imberg 3
23813 Blunk
Tel.: +49 (0) 4557/981719
www.wilde-kost.de

Thysanotus-Versand
Schulweg 21
28876 Oyten
Tel.: +49 (0) 4207/5708
www.thysanotus-versand.de

Bioland Hof Jeebel
Biogartenversand GbR
Jeebel 17
29416 Riebau
Tel.: +49 (0) 39037/781
www.biogartenversand.de

Dreschflegel
In der Aue 31
37213 Witzenhausen
Tel.: +49 (0) 5542/502744
www.dreschflegel-saatgut.de

Gärtner Pötschke
41561 Kaarst
Tel.: +49 (0) 1805/861100
www.gaertner-poetschke.de

Manufactum
Hiberniastr. 5
45731 Waltrop
Tel.: +49 (0) 2309/93900
www.manufactum.de

Bruno Nebelung GmbH & Co.
(Kiepenkerl-Saatgut)
48351 Everswinkel
Tel.: +49 (0) 2582/6700
www.kiepenkerl.com
www.nebelung.de

Sperli GmbH
Freckenhorster Str. 32
48351 Everswinkel
Tel.: +49 (0) 2582/670900
www.sperli.de

Bio-Saatgut
Gaby Krautkrämer
Eulengasse 2
55288 Armsheim
Tel.: +49 (0) 6734/915580
www.bio-saatgut.de

Bingenheimer Saatgut AG
Ökologische Saaten
Kronstr. 24
61209 Echzell-Bingenheim
Tel.: +49 (0) 6035/1899-0
www.bingenheimersaatgut.de

Hild samen GmbH
Kirchenweinbergstr. 115
71672 Marbach am Neckar
Tel.: +49 (0) 7144/847311
www.hildsamen.de

Grüner Tiger
Saatgut alter Kulturpflanzen
Fallerstr. 18
82433 Bad Kohlgrub
Tel.: +49 (0) 8845/7579988
www.gruenertiger.de

lilatomate
Melanie Grabner
Goethestr. 9
67459 Böhl-Iggelheim
www.lilatomate.de

Irinas Tomaten & Kräuter
Spezialitätengärtnerei Ulrich Zacharias
Blattenhof 1
93142 Maxhütte-Haidhof
Tel.: +49 (0) 9471/21300
www.irinas-tomaten.de

Raritätengärtnerei Treml
Eckerstr. 32
93471 Arnbruck
Tel.: +49 (0) 9945/905100
www.pflanzen-treml.de

N. L. Chrestensen Erfurter Samen- und Pflanzenzucht GmbH
Witterdaer Weg 6
99092 Erfurt
Tel.: +49 (0) 361/2245-0
www.gartenversandhaus.de

Saatgutinitiativen

Österreich:

ARCHE NOAH
Gesellschaft zur Erhaltung und Verbreitung der Kulturpflanzenvielfalt
Obere Str. 40
3553 Schiltern
www.arche-noah.at

Landwirtschaftliches Versuchszentrum Steiermark, Versuchsstation für Spezialkulturen Wies
Gaisseregg 5
8551 Wies
www.agrar.steiermark.at

Deutschland:

IPK Gatersleben
Leibniz-Institut für Pflanzengenetik und Kulturpflanzenforschung
Genbank
Corrensstr. 3
06466 Gatersleben
Tel.: +49 (0) 394/8250
www.ipk-gatersleben.de

VERN
Verein zur Erhaltung und Rekultivierung von Nutzpflanzen in Brandenburg e. V.
Burgstr. 20
16278 Greiffenberg
Tel.: +49 (0) 33334/70232
www.vern.de

VEN
Verein zur Erhaltung der Nutzpflanzenvielfalt e. V.
Geschäftsstelle
c/o Barbara Féret
Mondrianplatz 11
36041 Fulda
Tel.: +49 (0) 5306/1402
www.nutzpflanzenvielfalt.de

Stiftung Kaiserstühler Garten
Eichstetter Stiftung zur Bewahrung der Kulturpflanzenvielfalt in der Region
Hauptstr. 140
79356 Eichstetten
Tel.: +49 (0) 7663/4573
www.kaiserstuehler-garten.de

Schweiz:

Pro Specie Rara
Schneebergstr. 17
9000 St. Gallen
www.psrara.org

Sehenswerte Schaugärten

Österreich:

ARCHE NOAH Schaugarten
Obere Straße 40
3553 Schiltern
www.arche-noah.at

DIE GARTEN TULLN
Am Wasserpark 1
3430 Tulln
www.diegartentulln.at

Museumsdorf Niedersulz
Niedersulz 250
2224 Niedersulz
www.museumsdorf.at

ReinSaat KG
3572 St. Leonhard am Hornerwald 69
Tel.: +43 (0) 2987/2347
www.reinsaat.at

Deutschland:

Botanischer Schulgarten Burg
Vinnhorster Weg 2
30419 Hannover
Tel.: +49 (0) 511/168-47665/7
E-mail: schulbiologiezentrum@hannover-stadt.de
www.hannover.de/Leben-in-der-Region-Hannover/Bildung/Lernen-außerschulisch/Schulbiologiezentrum-Hannover

Dreschflegel Schaugarten
Dorfstraße 12
D-37318 Schönhagen
Tel.: +49 (0) 36083/54544
www.schaugarten.kuhmuhne.de

Samengarten Eichstetten
Hauptstr. 140
D-79356 Eichstetten
Tel.: +49 (0) 7663/4573
www.kaiserstuehler-garten.de
(siehe Stiftung Kaiserstühler Garten, Seite 13)

Weihenstephaner Gärten
Teilbereich „Kleingarten"
Am Staudengarten
85354 Freising
www.hswt.de/fgw

Literatur

Brunhilde Bross-Burkhardt:
Gemüse. Das Grüner-Daumen-Konzept.
BLV-Buchverlag, München, 2013

Brunhilde Bross-Burkhardt:
Bohnen für den Hausgarten.
avBuch Verlag, Wien, 2010

Brunhilde Bross-Burkhardt und Christine Weidenweber:
Kartoffeln für den Hausgarten.
avBuch Verlag, Wien, 2010

Brunhilde Bross-Burkhardt:
Tomate, Paprika & Co. Die besten Sorten für Garten und Balkon.
BLV-Buchverlag, München, 2. Auflage, 2012

Brunhilde Bross-Burkhardt:
Mein Küchengarten. Obst, Gemüse, Kräuter frisch genießen.
BLV-Buchverlag, München, Neuausgabe, 2012

Hermine Hofbauer:
Die Verwertung von Obst und Gemüse aus dem Garten.
Obst- und Gartenbauverlag, München, 2000

Marie-Luise Kreuter:
Der Biogarten.
BLV-Buchverlag, München, 2009

Christine Weidenweber:
Raritäten im eigenen Garten. Alte Gemüsesorten und Wildkräuter selbst anbauen.
Cadmos/avBuch Verlag, Schwarzenbek, 2012

Impressum

avBUCH im Cadmos Verlag

Lektorat: Christine Weidenweber, Weibersbrunn, www.verbene.eu
Gestaltung und Satz: Ravenstein, Verden
Wenn nicht anders vermerkt, alle Bilder von B. Bross-Burkhardt, www.bross-burkhardt.de

Druck: Westermann Druck, Zwickau

Deutsche Nationalbibliothek – CIP-Einheitsaufnahme
Die Deutsche Nationalbibliothek verzeichnet diese Publikation in der Deutschen Nationalbibliografie; detaillierte bibliografische Daten sind im Internet über http://dnb.ddb.de abrufbar.

Printed in Germany

ISBN: 978-3-8404-8112-3